海市蜃楼里的
万国风情

元代旅行家汪大渊传奇

桂国强 主编　**任丽青** 策划
张雪雨晴 编撰

文汇出版社

序

桂国强

　　相当一段时间以来，关于中国"内陆国"或"海洋国"的属性，很多人在认识上一直存有误区。他们认为：从鸭绿江口延伸至北仑河口，自北而南，中国有着 20 000 多公里长的陆上国界线，分别与朝鲜、俄罗斯、蒙古……缅甸、老挝、越南等 14 个陆上国家比邻而居，并且，包括"丝绸之路"在内的经济、贸易等诸多重要活动，中国也都是在陆上进行和完成的——据此，中国理所当然应该属于内陆国。

　　事实上，中国除了拥有 20 000 多公里长的陆上国界线外，还有 18 000 多公里长的海岸线，与韩国、日本、菲律宾等 6 个海上邻国隔海相望；中国的对外贸易、国民的赴外旅游，许多也都是通过海上航线走向世界各地的……从这个意义上说，中国分明又是一个海洋国。如是，人们在"内陆国"还是"海洋国"属性上之所以存有误区，问题或许在于，中国虽然是一个海洋国家，但从历史层面来说始终不是一个海洋强国，以致中国人的"海洋意识"也一直相对淡漠。

正是基于这样的现实，作为一家负责任的出版单位，我们觉得，有必要让读者更加全面、更加深入地了解有关中国这样一个"海洋国家"的历史，以不断唤起并增强国民的"海洋意识"，积极争取本该属于我们的"海洋权益"，努力使我国成为一个名副其实的海洋强国，将习近平总书记描绘的"海洋丝绸之路"尽早成为现实……于是，我们便策划出版这套《大国海图·人物志》丛书。

纵观中国历史，自古至今，不少富有探险精神的有识之士，凭着自己的勇气和智慧，早就将眼光瞄准那宽广的海洋了。他们搏浪远航，力克艰险，或传法，或旅行；或从事贸易，或抗击外侮……为中国人的海洋实践活动留下了浓墨重彩的一笔——此刻，呈现在读者面前的这套《大国海图·人物志》，就是对这些先贤曾经的海上活动真实的历史记录。

为了使丛书更具可读性，作者在力求尊重历史的前提下，积极偿试以文学的笔法来描述，从而使这套丛书兼具"史料性"和"文学性"双重价值。作者的努力是否能得到读者的认可？我们将以忐忑的心情来等待读者朋友的评判。

是为序。

2014 年 12 月 8 日于海上。

（序作者为文汇出版社社长、总编辑、编审，本丛书主编）

目录

 张开远航的风帆

如果你是一个喜欢涉猎历史，特别是喜欢元朝历史的人，你一定会接触到一个人的名字：汪大渊；假如你是一个历史地理研究者，你也一定会看到一个人的名字：汪大渊；要是你酷爱旅行，熟读那些知名的游记，你也应该知晓一个人的名字：汪大渊。

1. 谜一样的汪大渊

汪大渊，元代人，虚岁 20 就搭乘商船远航到东南亚、南亚、非洲、欧洲和澳洲，到达过世界五大洲中的四个洲，边航行边记录，给世人留下弥足珍贵的旅行游记《岛夷志略》一书。他的经历备受中外学界推崇，西方人称他为东方的马可·波罗。《岛夷

志略》堪称前无古人后无来者之作，它不仅是中国古代描写海外诸国最多、最详细的一本书，也是一本具有世界历史地理价值的伟大著作。

但是，汪大渊却是一个谜一样的人物。他的确切出生地、他的家庭、他的一生、他的终老，包括他的著作，都有太多太多的疑问。汪大渊身后除了《岛夷志略》没有留下其他的书证，有关他的口传资料也几乎没有，这也是到目前为止，史上还没有出现一本介绍汪大渊的书籍的原因。在众多的历史书籍和方志资料上，通常在汪大渊的条目下面只有几十个字，以至于后人对他取得的成就几无所知。

正是因为如此，我们才力图从浩瀚的直接或间接的史籍资料中，发掘汪大渊被尘封的历史印迹。在发掘有关汪大渊的历史资料的过程中，江西南昌的学者也帮助我们考证史料和相关细节，使我们得以大致梳理出汪大渊的生平和事迹，就让我们以这本小书向我国最早的一批向远洋探索的勇士致敬。

2. 南方昌盛之地

汪大渊，字焕章，生于1311年，也就是元代元武宗至大四年。他的故居坐落在今天南昌市南郊青云谱区许家庵。这里的发达、热闹和时尚都融入了汪大渊的血液，也成就了他的性格。

汪大渊的成长跟元代南昌的发展有着密切的关系。最早的有关南昌的文字记载见于《尚书·禹贡》，后来，这个地方的称呼在历史上多次更名。公元前201年，刘邦手下的车骑大将军灌婴平定江南后，在南昌筑城，初名"灌婴城"，后改名"南昌"，是取"南方昌盛"、"昌大南疆"的意思。灌婴也被后人尊称为南昌的"城隍菩萨"。

新灌婴城楼（选自辛利杰主编《南昌的中华之光》）

南昌位于赣江和鄱阳湖水网密布的区域，非常适合水稻的生长，历来是江南农业发达的地区，自秦汉以降就是著名的鱼米之乡。南昌还是全国主要的稻米加工地，稻米作坊数量众多。商品粮的交易因之而活跃，在乡间，差不多每隔十里八里的就有一个圩市在做着粮米的交易，使南昌成为全国四大米市之一。江西的漕粮在南昌米市中转以后经鄱阳湖进入长江，到达上海、南京、天津、芜湖等地交易，调节着全国粮市的价格。这样的情况使得南昌人"嘉蔬稻精"，餐桌富足。

当年漕运的河流（选自辛利杰主编《南昌的中华之光》）

南昌在交通上具有独特而有利的地理位置，它地处长江干流赣江的下游，北临鄱阳湖。南朝学者雷次宗在《豫章记》中（江西在古代曾称豫章）第一次对江西做了详细描述："豫章，水路四通，地方千里，山川特秀，咽扼荆楚、翼蔽吴越。"他认为南昌的地理位置尤其优越，是所谓的"吴头楚尾"。

有人以为，赣江只是在江西境内流淌的一条河而已。江西既不能简称江（容易跟浙江混淆），又不能简称西（容易跟山西、陕西混淆），所以只能让赣江的"赣"做了江西的简称，仅此而已，没有别的重要意义了。实际上，赣江对于南昌和江西来说都非常重要，它是中国南方历史上最早的水运通道，早在西周之前就已经成为重要的水路。秦始皇三十五年（前212年）的时候，为了征服百粤，开辟了经赣江上游、越横浦关（小梅关），再沿浈水下番禺（广州），一直贯通到南海的一条水道。船只也可以由赣江通往鄱阳湖，连接长江，直达东海。从此，南昌就成为赣江黄金水道上的重要城市。拥有黄金水道自然就容易形成物资集散地。

在古代，水运是比陆路更方便、更廉价的主要交通方式，从汉代开始，南昌就成为贯通南北的交通枢纽和重要的物资集散地。又由于赣江通往长江，所以，经南昌中转的货物可以运输到全国各地。南昌本身又是一个物产丰富的地方，此后，赣江江面"帆樯如林"，南昌港则是"舸舰迷津"。人们说，"景德镇的瓷器天下名，樟树镇的药材天下迎，河口镇的云帆天下行，吴城镇的水路天下清。"讲的就是景德镇的瓷器、茶叶，樟树镇

樟树镇（选自辛利杰主编《南昌的中华之光》）

的药材，河口镇的纸张、茶叶，吴城镇的竹木器和粮食，都通过四通八达的水路运送出去。在古代，外国使节从海路来到广州，再北上进京，通过赣江是最便捷的道路。因此，赣江沿岸又叫"使节路"。

物流的发达带来商人的活跃，江西的商人就结成了"江右帮"，与徽商和晋商三足而鼎立天下。商人来来往往，不仅带来货物的交流，也会带来各种各样的消息，生活在中东部江西地区的人也能知晓全国各地，乃至海外的消息。

物流的发达给社会带来财富，富裕又往往带来文化教育的发达，再加上南昌有这样方便的交通条件，所以，不仅货物畅通，人员来往也很兴旺。史上著名的文人司马迁、王羲之、谢灵运、王勃、孟浩然、李白、韩愈、唐伯虎等都游历过赣江，写下许多精彩传世的诗篇华章。

"初唐四杰"之一的王勃更是给南昌带来了千古流传的名篇《滕王阁序》。江南名楼滕王阁是唐高祖的儿子、李世民的弟弟滕王李元婴于永徽三年（652年）担任洪州（隋朝时的郡治所在地，今南昌）都督时建造，它巍然屹立于南昌老城区抚河故道与赣江交汇处的新洲尾。唐高宗时，阎伯屿任洪州都督，对滕王阁进行重修。上元二年（675年），王勃在前往探望父亲的途中经过洪

州，正逢滕王阁新修完成，都督盛宴宾客，王勃应邀赴宴，即席写下《秋日登洪州府滕王阁饯别序》，后人简称《滕王阁序》。

这篇骈文描绘滕王阁风光美妙，赞美洪州府人杰地灵，宴会上宾主才华高雅。无论是写景、叙事，还是抒情、说理，王勃都写得自然流畅，用典贴切，一气呵成，让人一读就不忍释手：

豫章故郡，洪都新府；星分翼轸，地接衡庐。襟三江而带五湖，控蛮荆而引瓯越。物华天宝，龙光射牛斗之墟；人杰地灵，徐孺下陈蕃之榻。雄州雾列，俊采星驰。台隍枕夷夏之交，宾主尽东南之美。都督阎公之雅望，棨戟遥临；宇文新州之懿范，襜帷暂驻。十旬休假，胜友如云；千里逢迎，高朋满座。腾蛟起凤，孟学士之词宗；紫电青霜，王将军之武库。家君作宰，路出名区；童子何知，躬逢胜饯。

时维九月，序属三秋。潦水尽而寒潭清，烟光凝而暮山紫。俨骖騑于上路，访风景于崇阿；临帝子之长洲，得仙人之旧馆。层峦耸翠，上出重霄；飞阁流丹，下临无地。鹤汀凫渚，穷岛屿之萦回；桂殿兰宫，列冈峦之体势。披绣闼，俯雕甍，山原旷其盈视，川泽纡其骇瞩。闾阎扑地，钟鸣鼎食之家；舸舰迷津，青雀黄龙之舳。云销雨霁，彩彻区明。

落霞与孤鹜齐飞，秋水共长天一色。渔舟唱晚，响穷彭蠡之滨；雁阵惊寒，声断衡阳之浦。遥遥襟甫畅，逸兴遄飞。爽籁发而清风生，纤歌凝而白云遏。睢园绿竹，气凌彭泽之樽；邺水朱华，光照临川之笔。四美俱，二难并。

穷睇眄于中天，极娱游于暇日。天高地迥，觉宇宙之无穷；兴尽悲来，识盈虚之有数。望长安于日下，目吴会于云间。地势极而南溟深，天柱高而北辰远。关山难越，谁悲失路之人；萍水相逢，尽是他乡之客。怀帝阍而不见，奉宣室以何年？嗟乎！时运不济，命途多舛；冯唐易老，李广难封。屈贾谊于长沙，非无圣主；窜梁鸿于海曲，岂乏明时？所赖君子见机，达人知命。老当益壮，宁移白首之心；穷且益坚，不坠青云之志。酌贪泉而觉爽，处涸辙以犹欢。北海虽赊，扶摇可接；东隅已逝，桑榆非晚。孟尝高洁，空余报国之情；阮籍猖狂，岂效穷途之哭！

勃，三尺微命，一介书生。无路请缨，等终军之弱冠；有怀投笔，慕宗悫之长风。舍簪笏于百龄，奉晨昏于万里。非谢家之宝树，接孟氏之芳邻。他日趋庭，叨陪鲤对；今兹捧袂，喜托龙门。杨意不逢，抚凌云而自惜；钟期既遇，奏流水以何惭？呜乎！胜地不常，盛筵难再。兰亭已矣，梓泽

丘墟。临别赠言，幸承恩于伟饯；登高作赋，是所望于群
公。敢竭鄙怀，恭疏短引。一言均赋，四韵俱成。请洒潘
江，各倾陆海云尔。

其中，"舸舰迷津"是对南昌舟船之多的盛赞，已为后人所
熟知；而"落霞与孤鹜齐飞，秋水共长天一色"更是成为文学上
的经典，让人经久难忘。

什么样的城市生活产生什么样的城市精神，在这样一个物

建筑大师梁思成1942年绘制的《重建滕王阁计划草图之一》（选自辛利杰主
编《南昌的中华之光》）

10

华天宝、交通发达的城市，南昌就形成了大气、开放、包容、诚信的城市精神。这种城市精神保护了不少落难的名人，譬如北宋的王安石、明末清初的八大山人朱耷等。这种精神也吸引了一位中西交流史上鼎鼎大名的人物来到南昌，一住就是3年，他就是意大利的传教士利玛窦。利玛窦于16世纪末先是来到了广东，在肇庆和韶州呆过3年。但是他觉得在那儿传教并不太顺利，于是慕名来到南昌。当时的朝廷上下对西方人都怀有深深的戒心，只有南昌人友好地接待了他，促使他放弃了"欧洲中心论"而采取"文化适应主义"的传教策略，因此带来了传教事业的新进展。利玛窦除了传教，还向中国输入了先进的科学技术和语言分析方法，为中西文化交流做出了巨大贡献。

汪大渊喝着南昌的赣江跟抚河的水长大，他的身上自然就流淌着南昌的血液，烙下南昌的精神印记。他小小年纪就知道大地不是四方的而是球形的，坐着大船可以到达很远很远的地方……

南昌既是一个商品集散地，也就具备一定的军事意义，自古以来也打过一些

利玛窦（选自辛利杰主编《南昌的中华之光》）

大仗。再加上这里水系发达，很早的时候就可以制造大船。古代舟船多用木材，南昌盛产樟木，正好给造船提供了优质的材料。

三国时的孙吴把南昌的谷鹿洲（今蓼头）作为建造大船的地方。隋唐时期，南昌成为南北商品和漕粮汇集的大都市，"弘舸巨舰，千舳万舻，交货往返，昧旦永日"，南昌成为全国重要的造船业基地。

《唐语林》一书中记载："舟船之盛，尽于江西，编蒲为帆，大者八十余幅"，这个描述充分说明了唐朝时候，南昌造船之多、之大和技术之精湛。李白有著名的诗歌《豫章行》：

胡风吹代马，

北拥鲁阳关。

吴兵照海雪，

西讨何时还。

半渡上辽津，

黄云惨无颜。

老母与子别，

呼天野草间。

白马绕旌旗，

悲鸣相追攀。

白杨秋月苦，

早落豫章山。

本为休明人，

斩虏素不闲。

岂惜战斗死，

为君扫凶顽。

精感石没羽，

岂云惮险艰。

楼船若鲸飞，

波荡落星湾。

此曲不可奏，

三军发成斑。

　　这首五言诗写的是上元元年（760 年），李白正寓居在南昌。当时安禄山、史思明余党仍在河南、河北一带肆虐，朝廷的平叛战争也正在艰苦地进行中。诗人描写吴地的人民应征入伍、奔赴沙场，西征的旗帜鲜明光亮就像海中的雪浪一样。大军在江西境内练兵，十分辛苦。参战的楼船也在鄱阳湖训练，惊起

水花四溅。其中的"楼船若鲸飞"就是对南昌制造的大船所作的形象描绘。

南昌制造的舟船既有商船，也有战船。唐太宗征高丽时，张亮率领的数百艘大型战船就是南昌制造的。唐代制造的战船设计非常巧妙，两边有大水轮，水兵们踩轮击水，使战船能够溯风破浪，疾驶如飞。南昌造的海船大的可以载重几万石，在中国沿海贴海岸航行就不用说了，它们就是远航到印度洋、波斯湾，也是

舟船汇集（选自辛利杰主编《南昌的中华之光》）

没有任何问题的。

汪大渊家附近的施家尧有一个造船的地方，造得出令人羡慕的龙船，吸引了四面八方的商客来此上船。这里流传着一首有关造船的民歌：

施家尧来好风光，

造得龙船走四方。

树苗出土灯芯大，

长大树荫遮半天。

千人看到不敢动，

万人看到不敢移。

大板要锯千千万，

小板要锯万万千。

鲁班造船先造底，

凡人造船先造舷。

造起龙头高万丈，

造起龙尾凤朝阳。

河边渡子领一支，

来来往往渡客商。

　　施家尧附近的抚河故道边有个渡口叫将军渡，这名字可是有来历的。说是当年岳飞奉皇帝命令来此地剿灭叛匪。岳飞身先士卒，冲在最前面。他身穿两层铠甲，飞身上马，手持一把长枪，在渡口一枪就把敌人的首领挑下马来。敌军被岳飞的英勇精神所震慑，失去了战斗力，很快就败下阵来。战斗胜利后，朝廷隆重嘉奖了岳飞，这个渡口从此被老百姓叫作将军渡。这地方不仅船造的多，出了许多造船的工匠，动听的民歌也很多，你再听听这一首：

　　　　　　南昌城南掌故多，

　　　　　　将军渡口波连波；

　　　　　　象湖源上风光好哟，

　　　　　　施家尧去划龙舟来嘿；

　　　　　　王老丞相来迎接哟嗬，

　　　　　　相府千金坐花楼罗嘿；

　　　　　　汪家垅住航海客哟嗬，

　　　　　　漂洋过海到夷洲罗嘿。

　　这首诗也说明，此地知识开化，经商的民风很超前，老早就有人放眼世界，出海闯荡了。

3. 爱读书的少年郎

汪大渊从小聪明伶俐，勤奋好学。父母对他寄予了厚望，怀着这份望子成龙的心情，为他取字为"焕章"。"焕章"二字出自《论语·泰伯第八》，原文是：

> 子曰：大哉尧之为君也！巍巍乎！唯天为大，唯尧则之，荡荡乎，民无能名焉。巍巍乎其有成功也，焕乎其有文章！

这段话的大致意思是说，孔子认为，尧这样的君主，多么伟大啊，只有他才能效法天的高大。他的恩德多么广大，百姓们都不知道该用什么语言来赞颂他。他的功绩那么崇高，再辉煌的文章也无法形容。

汪大渊的父亲给儿子大渊的字用了"焕章"，表明自己对儿子怀有殷切的希望，希望他效仿古代的贤人，能够成就一番事业。汪大渊深知父母的用心，他不想让父母失望，便始终刻苦努力，饱读诗书。但是汪大渊也有和其他孩子不太一样的兴趣，

就是喜欢收集各地逸闻趣事和描写风土人情的地理著作。宋代周去非的《岭外代答》和赵汝适的《诸蕃志》这一类游记，都让少年汪大渊深深地入迷。那个时候的汪大渊，在阅读了历史巨著《史记》之后，更是被作者那种深入调查、精益求精、严谨著史的态度所感动，而司马迁的忍辱负重、无畏艰险的人生精神也激励着他。一个想要周游四方、探索世界的理想，开始在汪大渊的心里生根发芽。

施家尧村的码头永远是不平静的。随着第一缕阳光的照射，河面的静谧就被造船工的口号声划破了。铜铁敲打的乒乓声，木料碰撞的轰轰声，船帆与微风摩擦的飒飒声，还有船工奔走的脚步声，它们瞬间便胀满了整个江面，与岸边的小贩的吆喝声、小孩的嬉笑声、狗叫声、鸡鸣声一起此起彼伏。

原先撒在河面上的阳光像金色的波纹，这时候顺着船身爬上了甲板、桅杆、船帆上，那艘建造中的船仿佛突然睡醒了一样，又开始吱吱呀呀地呻吟起来，任人在它身上敲打。清晨的金光也照射在船工、岸边的搬运工、施尧村的居民和过往的路人身上，然后又悄无声息地淹没在了嘈杂的生活气息与工作干劲中。施尧村码头新的一天就这样开始了。码头背后是一片树林，茂密的枝叶在阳光的照射下反射出金灿灿的光斑，十分美丽。这片茂密的树林原本是一片荒地，自从这码头成为全国十几个内陆造船基地之一后，这片荒地才被人们播种栽苗，精心栽培成现在这般悦目的样子。

现在，就在这片林子中，有个少年郎远远地注视着眼前发生的这一切，微风拂过他的衣袖露出一本书角。今天的天气凉爽得很，他此刻却口干舌燥，怔怔地望着船工黝黑的皮肤与健硕的肌肉，呼吸着他们腋下汗水中的荷尔蒙充斥的空气，像中了邪似的恨不得马上把衣衫扯得跟他们一样褴褛，立马跳上那帆船。这样想着，少年郎竟不自主地扯了扯衣角，一丝清凉钻入胸口，回过神来时已被自己的无意之举吓了一跳。凝神调息，他端起藏在衣袖里的书本小声念叨起来：

"书中自有黄金屋，书中自有颜如玉……"

"树苗出土灯芯大嘞，长大树荫遮半天嘞"，船工们高声地唱，岸上的居民也开始附和起来，"千人看到不敢动嘞，万人看到不敢移嘞"，岸上玩耍的小童从那年轻人面前跑过，嘴里也哼着同样的调调，"大板要锯千千万嘞，小板要锯万万千嘞"。

树林在微风的吹拂下，发出飒飒的声响，光斑随着枝叶的震颤抖动，照到了年轻人的眼睛上，温度的升高提醒他时间已经不

早了，他突然有些慌。他想要离开，因为上学要迟到了，可是却挪不动步子，那一句句歌谣仿佛有魔力般吸引着他、诱惑着他，他不由得也随着大家轻轻地哼起了歌谣。

船身放上了最后一块甲板，船头的龙头也被削掉了最后一块多余的木屑，桅杆上的帆布被拉了上去，船工们又兴奋地将歌谣从头唱过……

汪大渊最终并没有走上科举入仕的道路。是他看透了封建科举的弊端，对此不屑一顾吗？当然不是。年纪轻轻的汪大渊不可能超越时代的限制、摆脱世俗的眼光而具有如此先进的思想观念。中国的科举肇始于隋朝，成熟于唐朝。元朝时断断续续，很不正常。明清之际逐渐显出程式化、制度化的弊端，于清末终止。在一百年左右的整个元代，究竟开科考试过几次，目前尚无定论。不过，就算是有过那么几次，对于个人来说，人生苦短，错过一次也就等于错过了一生。汪大渊没有明清学子的那种机遇，每隔三年就会有一次赶考的机会。他是彻底丧失了考试的机会，就连失败的滋味也无福尝试。

汪大渊的出路在哪里呢？刚刚弱冠之年的汪大渊脑海中顽强地浮现出司马迁的形象，他坚定地做出了人生的决定：踏万里浪，观百国情，著传世书。

谁也不会想到，这个少年会在不远的将来，两次从泉州扬帆出海（那时叫"浮海"），去游历东南亚、南亚，澳洲、非洲，甚至穿过地中海、红海远到欧洲，成为了不起的中国海外探奇第一人。

4. 来到东方巨港

中国作为西太平洋沿岸的海洋国家，有着绵延的海岸线，自古以来就有航海贸易的传统。从汉代的海上丝绸之路，到改革开放后的沿海经济特区，发展海洋经济一直是我国经济发展进程中不可忽视也不能分割的一部分。

在东南沿海的海岸线上，有一个传统的贸易港口，就是福建的泉州。对于这个地名，现在的很多年轻人都不太熟悉。但是在古代，特别是宋元时期，这可是个大名鼎鼎的地方。

泉州港位于晋江下游泉州湾内，南梁时就很繁华，唐代的时候已经成为中国重要的港口，是古代中国与阿拉伯和欧洲通商的主要港口。

宋代，泉州港的地位已经迅速上升，成为南方海上丝绸之路的起点港。后来，泉州港越来越繁华，舟船聚集，帆樯林立，就

连一些支港像法石、围头、后渚、石湖等地也建造了专用口岸设施。泉州的僧人祖慧等人主持建造了著名的六胜塔（又称石湖塔）。这座八角五层的古塔高 31.9 米，坐落在石湖乡的金钗山上，成为海内外船舶进出泉州港的导航标志。北宋元祐二年（1087年），泉州正式设立市舶司，与两浙、广南并称为三路市舶司。市舶司就是政府设立的专管进出口贸易的海关机构，唐代出现，清代改称海关，并一直沿用至今。市舶司的设立使得泉州港的重要地位得到官方和商人的双重认可。

北宋后期，原来停泊广州港的南海商船也纷纷转到泉州交易，使得泉州港出现"蕃舶之饶，杂货山积"、"海道所通，贾船所聚，车水马龙，杂货山积"的盛况。海港进出口的主要商品就有香料、珍宝、药品、绸缎布匹、瓷器等数百种。泉州港在宋代已经超过广州港成为中国海外贸易第一大港。

南宋时泉州港的各种市舶收入约占当时国库总收入的五十分之一，相当可观。南宋末年，阿拉伯商人浦寿庚掌握了泉州港的贸易大权，他投降元朝后又受命提举福建、广东市舶，招谕海外各国商人前来贸易，实行积极的扩大贸易政策，泉州也就保持了千船云集、万商汇聚的热闹景象。

元朝的时候，你如果从福州来到泉州，沿途只见人口稠密，有许多市镇、城堡和坚固漂亮的住宅。来到泉州，就是一小块平原了。流经泉州的河流，河面宽阔，水流湍急。这里多有灌木，盛产樟脑，乡下还有很多的猎物。这地方风景秀丽，人民都有自己的偶像崇拜，他们性情平和，安居乐业。泉州还是一个国际化的大都市，外国人经常出入，当地人对他们早已见怪不怪。为外国人服务的机构和人员也很多。有不少印度的内地人来到这里，就是为了给自己文一身美丽的花纹。

在这里做生意，商人要付出投资的一成作为税款交给政府。商人如果租船装货，精细的货物就要付出货物总价的三成作为运费，檀香木、药材和一般商品则要支付四成，胡椒等值钱的东西更要支付四成以上。根据估算，商人们付出的运费和关税加起来占到货价的一半以上。但是即使这样，商人们的利润也相当可观，政府的获利当然就更大。

一些海上大国的居民也对远在东方的元帝国产生了很大的兴趣。意大利威尼斯商人和大旅行家马可·波罗受教皇派遣出使元朝，返回时就是从泉州起航的。对于当时泉州港的盛况，《马可·波罗行记》里有过描述：

到第五天傍晚，抵达宏伟秀丽的刺桐城。在它沿岸有一

个港口，以船舶往来如梭而出名。……刺桐是世界上最大的港口之一，大批商人云集这里，货物堆积如山，的确难以想象。……船舶装载商品后，远到蛮子各地销售。运到那里的胡椒，数量非常可观。但运到亚历山大港供应西方世界各地需要的胡椒，就相形见绌，恐怕不过它的百分之一吧。……一切生活必需品非常丰富。制造的碗及瓷器，既多且美，购价甚贱。

刺桐（选自《辞海》第六版彩图版）

刺桐是一种豆科的落叶乔木，深红色，花朵又大又漂亮，在中国南方栽培。五代时重筑泉州城垣，城墙周围遍植刺桐树，于是刺桐就成了泉州的雅称。宋元时代的外国旅行家记录泉州时，常用刺桐的名称，《马可·波罗行记》也以刺桐来称呼泉州。

元朝末年来到中国的罗马教皇使者马黎诺里，在《马黎诺里游记》里对泉州城的繁华大加赞赏，称它是一个令人神往的海港和一座令人惊奇的城市。世界著名的摩洛哥旅行家伊本·白图塔于至正二年（1342 年）以后来到广州，当他从海路来到世界第一大港泉州时，也对泉州当时的盛况做出了描述。《伊本·白图塔游记》中这样写道：

> 这是我来到大洋彼岸所到达的一个城市，即刺桐……这座城市极其重要，这里的制造业之发达，所生产的绸缎，比杭州、北京所生产的都要好……刺桐港是世界上最大的港口之一，或者说它是世界上最大的港口也没什么不可以。我曾经目睹巨型船只百余艘，集结在此地，至于其他的小船，则更是数不胜数……城内的每户人家都有自己的花园和空地，起居室建造在院子的正中央。正如我国的赛格尔美撒城的情况一样。

这些世界著名旅行家的说法，都见证了泉州作为世界大港的名号当之无愧。

"夫泉南为郡，控带番广，海舶之所集，珍货之所聚，视七路尤为要"，类似的对于泉州的赞美之词真是不胜枚举。说起泉州为何能有如此繁华，成为元代海上贸易的巨港，不得不提及两个主要原因。首先，它地理位置优越，处于沿海深海地带，方便

造船、造码头，利于船舶的停靠和出入。其次，泉州地处东南沿岸，身为福建省的一个城市，它与台湾省隔海峡相望，辐射东南诸番，利于中央管理与控制。

其实早在宋代，随着江南沿海一带市场的陆续形成，社会购买力及社会消费水平极大增长，并且当时的南方社会政治状况也长期处于相对稳定的局面，泉州港的贸易活动已经达到了相当的程度。到了元代，泉州港的贸易发展被推到了鼎盛，已经形成的贸易体系给泉州带来了充满活力的经济发展动力，经济的发展又反过来促使泉州港的贸易更加活跃，在如此的日复一日的良性循环下，泉州港终于成为海上巨港。

另外，元朝政府对海外贸易也采取了积极鼓励的政策。《元史》中记载说，当时元世祖下令泉州市舶司，"每岁集舶商于番邦，博易珠翠香货等物，及次年回帆，然后听其货卖。"就是说，元世祖也发话了，你们这些商贩要是去番邦收集奇珍异货，等你们回来的时候，政府就任由你们买卖，绝不干涉。要知道这样的政策，对于做海外贸易的商贩来说，可谓是莫大的激励。当时不知道有多少人就是靠进行海外贸易发家致富的，这样的政策无疑激发了更多的人投身到海外贸易中去。

《元史》中还有记载说，至元十五年八月，元世祖下诏：

诸番国列居东南岛砦者，皆有义慕之心，可因番舶人，宣布朕意：或能来朝，朕将宠礼之，其往来互市，各从所欲。

这番话是说给外国听的，意思是，你们这些小国家，要是有仰慕我国的，派人过来表达对我的赞颂，愿意跟我们友好相处的，我就会好好招待你们，保障你们跟我国的贸易，咱们互益互利，各取所需。此后，元世祖又多次下诏支持海外贸易活动，对元代海外贸易的发展做出了可谓不可多得的贡献。海外贸易制度的逐渐完善，与政策的优惠，都极大地促进了泉州港的贸易发展。

《元史》还记载，至元十八年时，元朝政府规定，凡是在泉州进行贸易，并且已经在泉州口岸缴纳了进出口税的货物，再运到国内其他地方贩卖的时候，就不用再缴税了。这种政策类似于现今贸易的出口退税等优惠政策，也是对当时海外贸易的一种积极的鼓励政策。至元十九年，元朝政府下令拆除了南宋时期泉州沿海一带的所有海防设施，以后也再没有设立任何海防军事设施。泉州终于以博大的胸怀对外开放。在这样的社会环境下，中国和海外诸国民众能够自由地进行海洋捕捞、海洋

贸易，这一毫无保留的开放举措，成就了泉州东方第一大港和世界巨港的风范。

至元二十一年时，元朝政府又实行"官船官本商贩之法"，就是说，政府出本钱出船，然后招人去用官家的船进行海外贸易。获得的利益，三七分，政府得七分，个人得三分。这个政策给当时没有本钱从事海外贸易的人，提供了帮助和机会，不仅增加了就业的可能，也促进了海外贸易的发展。

元朝还实行一种名为"站赤"的制度。"站赤"即驿站，为蒙古语的音译。当时元朝政府在泉州到杭州的百来里路上，设立了十五个驿站，这些驿站提供食宿，条件十分完善。除了驿站外，还设有专门的货船，用以运送往来贸易的商贩奇货，另外还驻守了两百名水兵，专门保护道路上的往来贸易。而到了至元三十年，泉州港的舶税改为了三十分之一取一，之后国内各地港口舶司皆遵循泉州取税制度。这一次的大幅度减税无疑也大大推动了泉州港的繁荣发展。可以说，泉州港的繁荣，与元世祖的诏令、元朝政府的各项积极政策是分不开的。

同时，元朝政府还经常发放贷款给没有本钱做生意的海商，发放贷款收取的利息约只有平常利息的一半。汪大渊在《岛夷志略》中记载，当他航行到古里地闷这个地方时，遇到了前来贸易

新泉州（选自《辞海》第6版）

的吴宅商船，船上有百余人，队伍之庞大，在当时世界上也算是数一数二的了。而像吴宅商船这样的商船在中国还有很多，可见当时中国海上贸易之发达。

　　受到元朝政府重视海外贸易的影响，中国东南沿海的居民还形成了移居海外的风潮。大批中国人移居到东南亚、南亚，积极投身于繁荣的印度洋国际贸易。我们现今可以在东南亚各国看到许多海外华人，他们世代居住在那里，很多人就是从元朝开始慢慢移民过去的。从13世纪下半叶开始，在印度马拉巴尔以东的海域，随处可见中国海船的身影，中国的帆船量已经跃居世界之

首。在印度洋西部的海域，当地的阿拉伯、印度商船逐渐不敌中国商船。

在长期、频繁的外交活动推动下，元朝与东北亚、东南亚、中亚及非洲东海岸各国建立了相当密切的政治联系，海上贸易也空前活跃起来。那时候，中国南方沿海城市人口稠密，海洋经济充满活力，在中国海外贸易史上达到了巅峰状态，其发达程度远在同时代世界各民族之上。泉州正是在这种情形下逐步变成了外贸巨港。发财致富的商人往往会在泉州买房置业，泉州实际上已经成为世界第一大贸易港口。

据元代周致中的《南海志》记载，与元朝有贸易往来的国家有 140 多个，其中大多数通过海上贸易。包括阿拉伯半岛国家、非洲地区的忽斯离（埃及）、芦眉（马拉加什）、墨加鲁（北非）、弼琶罗（巴巴拉）、麻加里（基尔）、西非的茶弼沙（加纳古国）都与元朝往来。这些来华的商船大多都要停靠泉州港。

当年泉州港种种繁华发达的情况都传到了身在南昌的汪大渊的耳里。他既然决定要搭船出海，以商养文，那么，泉州就是一个最佳的出海之地。于是汪大渊从南昌来到了泉州，他要先把泉州好好考察一番，做好出海的准备。

汪大渊在泉州都看到了什么呢？元代时经济中心南移东倾，

苏、浙、粤、闽等沿海地带，随着商品农业和商业化的发展，手工业和纺织业也不断发展，已经达到了较高的水平。光是布料，就有棉布、葛布、麻布、锦、缎、绢、丝绸等不同的类型；而日用品则有各种粗碗、烧珠、瓷器、罐子、漆器以及各种不同类型的锅碗瓢盆；食品方面有盐、酒、油、海产品；另外还有金、银、铅、锡、铜、铁等各种金属商品，可谓琳琅满目。没有买不到，只有想不到。

一些国内的知名物品，都会在这里出现。例如来自浙江的瓷器，来自海南的海南布、海南槟榔，来自江浙的苏杭五色缎等等。应当说，泉州港外销的商品数量和品种，都可谓天下之最。这些物品被一艘艘商船带上了出海的航程，漂洋过海前往异国他乡，既传播了商品，也传播了文化。当时来自中国的各类商品，广泛受到外国人的欢迎，在世界范围内也算得上是硬通货，不像今天，消费者都青睐进口货。那个时候正相反，受到青睐的是中国货。

除了中国制造的东西，泉州港还有许多来自海外的奇珍异宝，例如麻逸布、占城布、阇婆布、八都剌布等纺织品。泉州的各国土产货品相当繁多，难以枚举。元代思想家、教育家吴澄说过："泉，七闽之都会也，番货、远物、异宝、奇玩之所渊薮，

元代大船（选自辛利杰主编《南昌的中华之光》）

殊方别域，富商巨贾之所窟宅，号为天下最。"这也从一个侧面反映出当时泉州港坐拥中国制造，接收诸番各国奇珍异宝的繁华景象。

泉州既然是一个世界性的贸易大港，当然也是造船的中心，能够制造出把汪大渊之辈安全送出去，又安全返回来的大型海船。泉州作为造船基地，也汇集了全国的造船人才和造船能手。

说汪大渊在此地看花了眼也并不为过。对于一个第一次离开家乡来到繁华大都市的年轻人来说，从来没有见过这么多东西、这么多货物、这么多奇珍异宝也是可以理解的。以前生活在南昌的时候，汪大渊觉得施家尧那个叫卖声此起彼伏的港口，便是全天下最繁华的地方了。没想到来到了这里，一大半的东西竟然都是自己没有见过的，想必此时仅仅用"震惊"一词已经无法形容他的心情了吧。

那些个琳琅满目不胜枚举的奇珍异货，嘈杂喧闹车水马龙的繁忙景象，都震撼着汪大渊的视觉与听觉，而那些来自各个地方的商人，他们身上那种陌生的气息与陌生的文化也让汪大渊既畏惧又好奇。当然，泉州这样一个传奇的巨港，所发生的故事自然也少不了。不管是茶馆里的说书人，还是码头上的水手，都有一段传奇的经历，或是从别人口里听来的故事。

汪大渊在泉州还看到了不同人种、不同国家的人。经济越是发达的地区，人口越是稠密。从古到今，沿海发达城市的人口总是内陆不发达地区的几倍，这是一个亘古不变的规律。但是在泉州港，能够震撼汪大渊的不仅仅只是因为"人多"、"热闹"而已。泉州城南有"蕃坊"，是阿拉伯等国商人的聚居处。那些肤色白皙的人、眼睛深蓝的人、鼻梁高挺的人，都操着他听不懂的语言从他身前走去；那些肤色黝黑、脸盘宽扁的东南亚人在同中国商人讨价还价。这些场景都深深触动了汪大渊。当时的泉州港自然有很多各国往来的商贩，就是在城内，也居住着大量的外国人。他们不仅仅带来货物，也带来他们的文化与宗教，这些对泉

州文化同样产生了巨大的影响。

当时居住在泉州的外国商人，信奉的宗教主要分为天主教、伊斯兰教、景教、摩尼教、婆罗门教等。一位元代曾经在中国泉州任职的基督徒主教安德烈·佩鲁贾，曾经在给他欧洲同事的信中这样写道：

> 在大洋海岸有一座相当大的城市，波斯语称之为剌桐。城内有个富有的亚美尼亚妇人，建造了一座十分雄伟华丽的教堂，后来总主教将此教堂作为总教堂。这个妇人生前自愿把这教堂交于哲拉德主教及其同伙修士……此教堂，就其华丽舒适而言，全省教堂寺院无出其右者。

安德烈在信的最后还提到：泉州有大量的异教徒受洗，不过，他们虽受洗礼，但并不按基督教义行事。可见当时的天主教在泉州也是颇受欢迎。那些华丽的教堂在传教的过程中招收了许多当地的中国人，只可惜这些中国人似乎并不"虔诚"。

元朝统治者对海外交流采取了宽松政策，但是在阶级关系上却实行落后的等级制度。元蒙政府对汉族实行较为严重的民族压迫和歧视政策，人民被分成四等。上等人为蒙古人，其次为色目人，三等为北方汉人和其他游牧民族，最下等人为南方汉人。当时的色目人是包括波斯人在内的西域胡人，地位较高，朝廷里面也录用了很多色目人，因此，波斯语也产生了较大影响。从史料上看，波斯语言很有可能还是朝廷的通用语言之一，其地位仅次于蒙古语和汉语。意大利旅行家马可·波罗曾在游记中写道，中国官员跟他对话用的是波斯语；阿拉伯旅行家在杭州泛舟西湖时，当地官员曾让歌手用波斯语为他演唱；在广州、西安、杭州和泉州等地至今还保留了不少古代伊斯兰教的遗迹。

泉州不仅是中国南方最大的港口，也是世界最大的商港。那个时候英国才刚开始圈地运动，欧洲的海上舰队还没有疯狂地扩张海外市场，占领殖民地。世界上最繁华的奇景，在泉州此地一览无余。

汪大渊这个在南昌的码头边长大的孩子，这个以司马迁为励志偶像，对未来、对世界充满好奇心的年轻人，这时候他在心中想到的是，大海的另一边一定还有更多新奇有趣的东西、更多未知神秘的东西等待着自己去探索。他暗自下定决心，一定要克服种种险阻，在未来的某一天出海远航，完成自己的航海梦想。

5."浮海"远游正当时

都说近代以来的中国人缺乏对海洋，特别是对远洋的强烈好奇心。明清两代的朝廷甚至制定海禁政策，禁止人民出海捕鱼、贸易，闭关锁国，愚蠢透顶。但是在中古时期，情况完全不是这样的。

《资治通鉴·汉纪》记载，汉武帝刘秀在位54年，曾经7次巡视海上，显示了"勤远略"的大国气度。张骞去世以后，汉武帝采纳了番阳县令唐蒙的意见，打通海路，使中国船只从广州出海航行印度，登陆中亚。公元前111年，汉武帝派遣楼船兵士10万人攻下了南越，开辟了从广东徐闻、合浦向印度、斯里兰卡方向的远洋航线，从印度上岸进入了中亚地区。汉朝时期之所以要打通海路，主要也是从推动贸易、发展经济的角度考虑的。相对来说，海上贸易更加安全和方便，成本也低。

《汉书·张骞传》记述说，汉武帝曾多次邀请许多外国商人跟随自己巡游海上。他善待这些外国人，让他们参观沿海的中国地区，叫他们看到仓库里存积着如山的货物。皇帝亲自给本国商品"做广告"，这独具一格的方法自然管用。于是，南洋各国

"皆献见"，倭人百余国"以岁时来献"。海外诸国纷纷向汉朝朝贡，汉朝因此确立了自己的宗主国地位。

徐霞客（选自《辞海》第六版）

从老百姓的角度说，中国古代也有不少旅行家。国内游的有周游列国鼓吹仁义道德的孔子、地理学家郦道元、探险家徐霞客，还有著名诗人李白、杜甫等。国外游的有汉代张骞、唐僧玄奘、唐僧鉴真大和尚、三保太监郑和等。在众多的旅行家中，只有元代汪大渊，既没有背负着皇命恩诏、带着随从一千人，也没有带着学术研究或经商赚钱的目的。他只是带着兴趣，自发地越洋远航，并把自己看到和听到的有趣的东西写下来而已。正是这种单纯，无意中带给世界许多未知的、新鲜的东西，使他成为一位具有世界声誉的伟大的航海旅行家。他所撰写的《岛夷志略》也成为不可多得的一本海外探奇游记，在地理学和历史学上都有极高的价值。

中国人要出海远航，硬件设施与航海技术肯定要过硬。说到舟船，我们古人其实是颇可以自豪的。《易经·系辞》里就有

"刳木为舟，剡木为楫"的记载。肇始于远古的独木舟揭开了人类造船的历史，中国古代船舶的发展也在造船史上创造了辉煌，为世界造船技术做出卓越贡献。

宋代是轮桨船大发展的时期，船舶多因水轮的数量而得名。譬如有 4 个水轮的"四车船"。南宋时期甚至造出了有 90 个轮子的车船；还诞生了水轮桨与手划桨并用的车船，譬如五车十桨船。那时的水轮都用木板盖住，从外面看不见踏轮的人在船舱里操作。

宋代时，我国的造船技术就已经领先欧洲 500 年，工匠们已经会使用船坞，并且能够根据船的性能和用途，先制造出船模，再根据船模绘出船图，进而又根据船图制造船只。而欧洲在 16 世纪才出现简单的船图，落后中国三四百年。到了元代，造船技术已经十分发达。我国现在还保留着元代刺桐港海船的模型，伊本·白图塔曾经说过"此种巨船只在中国的刺桐城制造，或在广州制造。"他口中的"巨船"，就是当时元代泉州码头制造的船只，每艘能挂十张帆，能载海员加士兵超过一千人，身后还尾随着水船三艘。可见，元代当时的造船技术令外国人十分钦佩。

随着元代的航海技术不断进步，人们对于海岸天象规律的把握和认识也在逐步提高。在长期的海上交通过程中，人们逐渐掌握了潮汐的规律，懂得利用季风和洋流选择出海的时间与目的地，更加保证了海航的安全。中国人早在汉代就已经了解了季风，并对季风进行了划分和描述：

风名	风向	出现月份（农历）
不周风	西北风	十月
广莫风	北风	十一月、十二月
条风	东北风	正月
明庶风	东风	二月、三月
清明风	东南风	四月、五月
景风	南风	五月、六月
淳风	西南风	六月、七月、八月
阊阖风	西风	九月

至少在唐代，中国人已经初步建立起了与季风有关的航海概念，到了宋代，利用季风的技术已相当成熟。从泉州到三佛齐（新加坡东南部），如果能较好地利用季风，一个多月即可到达。从泉州到兰里（苏门答腊群岛西北端）只需四十多天，第二年返

回时，一个月就能回到泉州。

积极的海洋政策，和谐的海洋文化，先进的航海技术，都为汪大渊这位未来的旅行家造就了一个天时地利人和的机遇。

然而，出远洋还需要足够的资金。一方水土养一方人，南昌也是盛产商人的地方。汪家就是一个有着经商传统的家庭，家人们支持汪大渊的想法，并且为他筹集了在国内采购货物的第一笔资金。汪大渊都带了一些什么样的货物作为商品装载上船呢？这是一个有趣的问题。可以肯定的是，汪大渊采购的一定是中国的，甚至是江西的特产，这些特产也要卖到合适的地方才能获得最佳的性价比。汪大渊尽管并没有经商的经历，但他浸润在从商的环境中，耳濡目染，也知晓一些起码的贸易知识。尽管汪大渊并不把经商作为自己的事业，但是他却可以用商养文，通过从事海外贸易来实现自己从小立下的、像司马迁那样的"读万卷书，行万里路"的人生志向。

要知道，航海并不是一场说走就能走的旅行，它不仅要求有金钱、淡水、货物等硬件上的条件，还要求你有一颗不怕死、甘愿献身海洋的心。为什么麦哲伦被人们称作英雄，不仅仅是因为他坐船绕了地球一圈，更因为他是冒着生命危险在航行。海上航行比陆地航行更危险、更艰难。马克思说过，只要有百分之十的利润，就会有人心动，只要有百分之百的利润，就会有人为之拼命。大多数人出航，都为了获取利益。但是汪大渊却不同，他只是为了他的旅行梦想，没有任何利益的诱惑。

汪大渊出洋时搭乘的是一个商船队，主船是一艘在泉州建造的大型帆船，主要装载瓷器等贵重物品，以及纲首（船长）、舟师（罗盘技术人员）和一百多名船员，另有装载一般货物或者淡水及食品的中小帆船多艘。出海远洋不能只有孤零零的一艘船，必须是一个船队。船多的好处有三个，其一是人多力量大，出了什么问题互相可以商量、照应。其二是，碰到了无法抵挡的海盗，可以四散逃去，不至于全体覆灭。其三是万一遇到大风大浪，不可能每艘船都遭灭顶之灾，总有几艘可以幸免于难，把一些货物和信息带回国内。

有了纲首、舟师和几十位水手的保驾护航以及几十位商人伙伴的一路陪伴，汪大渊才能够一路上衣食无忧，安心做好航海笔记。虽然这些船员和商业伙伴们并不理解汪大渊渡海远洋、探索世界的想法，但是却在客观上帮助了他。所以汪大渊完成远距离航海旅行，著成《岛夷志略》，这些一同出海的人们也有一份功劳。从这个角度去认识汪大渊，过去把他说成是航海家似乎不太确切。因为在航海技术方面，他可以说是一窍不通，毫无发言

权，航海只是他放眼看世界必需的，而且是唯一的手段而已。准确地给汪大渊的身份命名，应该说他是元代，而且也是中国古代最伟大的旅行家——海外探奇者。

汪大渊一生中总共出海两次，第一次出海是公元1330年到1334年夏秋，第二次出海是1337年冬到1339年夏秋，两次出海的时间加起来约有七八年。他第二次回国的时候年龄还不到30岁，可谓名副其实的青年才俊。

但是，由于历史资料的缺乏，汪大渊航行路线的细节记载几乎是空白，所以我们无从得知汪大渊两次出航的具体路线，先到哪里，后到哪里，最后又是从哪里起航回国，等等。现在的人们只能根据他所撰写的《岛夷志略》的记载，推算出他两次航行所经过的地方以及主要的活动情况：

从泉州港出发——游览东南亚众岛国——穿越马六甲来到东南亚半岛——印度半岛——阿拉伯半岛和波斯湾——非洲东部沿岸——穿越红海、地中海——欧洲——原路返回，再次游历东南亚诸岛及到达澳洲北部沿岸——回国。

船队每到一个地方，就和当地人进行交易。开始的时候，中国人会贩卖一些从泉州带出来的中国货品。最主要的就是中国瓷器，还有海南槟榔、金子、银子、玛瑙什么的。来到下一个地

方，他们会把在之前到过的地方买来的东西，再倒卖到另一个地方。比如他们行驶到丹马令时，就卖掉了在甘埋里产的布，到了吉兰丹时，又卖掉了在占城买的布，来到尖山时再卖掉在八间那节购入的"青单皮"布等等。这些中国商人对于海外贸易已经相当有经验，他们个个都堪称是汪大渊生意上的师傅。

但是，汪大渊和其他人——船员和商人都不一样，他每到一个地方，都广泛地周游异地，考察当地民风民情，甚至拜访国王和酋长。当船员们全神贯注于买卖、津津乐道于赚大钱的时候，汪大渊则认认真真地观察着当地的地理样貌、经济发展程度和社会生活百态。

每次离开了一个地方，汪大渊首先就会记下这个国家或地区的地理形状、气候，然后记下土壤情况与粮食的收成，还要记录风俗是先进还是落后，当地的首领是酋长还是别的什么人，男人女人都长什么样，穿的什么衣服，吃的什么食物，酿的什么酒，出的什么特产。最后便是详细、认真地总结这次与当地人的贸易，卖出了什么东西，再对当地的经济状况作一个简单的概括。

心细的汪大渊，还擅长观察每个国家或地区跟其他地方的不同之处，也作为特点记录下来。若是遇到了奇闻异事，更是不会

遗漏。

　　这就是读书人和商人的区别了。中国不知有多少人出洋经商发了大财，明代的商人沈万三富可敌国，甚至还遭到皇帝朱元璋的嫉恨，差点丢掉了性命。沈万三做了那么大的买卖，却不曾想到留下一本书，哪怕是一册小小的书本。只有汪大渊在经商之后挥笔记录，给后人留下了无比珍贵的《岛夷志略》。

　　《岛夷志略》一共记了100条，其中前99条都是汪大渊根据自己的旅行笔记整理并撰写的。现在就让我们循着汪大渊的足迹，去浏览那海市蜃楼般的异国风情吧……

贰 海外百余国尽在一卷中

1. 祖国的宝岛

对于古代依靠人力和风力作为航行动力的帆船来说，准确地把握洋流方向，利用风向和洋流航行是非常重要的。如果顺流或顺风航行，则可加快速度。假若逆流而行，有时不仅不进反而后退，稍不留神还会碰到船毁人亡的致命危险。如果洋流是从温度高的区域流到温度较低的区域，称之为暖流；若是从温度较低的区域流到温度较高的区域则称为寒流。一般情况下，低纬度流向高纬度的洋流为暖流，高纬度流向低纬度的是寒流。

公元 1330 年春天，汪大渊他们的商船队就乘着中国东南沿

岸附近的寒流，顺着中国古人所说的清明风——东南风，扬帆出海了。几天之后，船队首先来到了彭湖列岛。"彭湖列岛"现名澎湖列岛，是台湾的附属岛屿，位置在大陆与台湾之间。岛上有不少人说的是闽南话，这对于在泉州待过一阵子的汪大渊来说，就好像是听到了乡音一样的亲切。

彭湖列岛共有 36 个岛，大小参差不齐。船员们忙着在主岛——彭湖岛做生意，汪大渊顾不上跟伙伴们学做生意，却一个人把 36 个岛都跑了一遍。生意做多做少对他来说并不重要，重要的是他要用自己的脚去探知未知的新天地。

一圈跑了下来，汪大渊把整个列岛的情况都摸清楚了，于是他就开始了他的航海笔记：

> 岛分三十有六，巨细相间，坡垅相望，乃有七澳居其间，各得其名……

原来这些岛屿隔海相望，有起伏的丘陵却没有高耸的山脉。主岛彭湖岛上有 7 个地方可以泊船，从泉州起航，若是顺风而行，大概两昼夜就能到。汪大渊的船队航行了两天多来到这里。这里气候温暖，土地却贫瘠，长满了草却长不了树，更不适合种植水稻了。这儿的人们大多长着长寿眉，男人和女人都穿着用土布做成的衣衫。百姓们风俗朴素，把海水煮干了当食盐，用高粱酿制美酒。他们用茅草搭房子，以鱼虾、海螺、蛤蜊为食材，用牛粪生火，拿鱼油烧制食物。

彭湖盛产芝麻和绿豆，山羊又多又肥美，每群都有数万只。汪大渊很纳闷，这么多的羊，用什么办法来分清哪些羊是谁家的呢？经过一番走访，汪大渊搞清楚了，原来彭湖人还真聪明，每家每户都有自己的办法。有的人家在自家羊的身上烧焦一撮羊毛，有的人家在自家羊的羊角刻上印迹，反正大家都有妙招来辨认自己的羊群，不会弄错。彭湖的羊群都被自由地放养在山坡上，任其生育繁殖，所以羊群才会越来越多。

当地有不少小商小贩，集市上的贸易显得十分兴盛，人们很乐意从商业中获取利益。彭湖列岛当年隶属于泉州市晋江县，元朝的时候，政府在当地设立了巡检司，每年收取盐业税，用的是元世祖中统元年（1260年）发行的丝质钞票。

在彭湖列岛逗留了两三周后，船队向东登上了琉球岛，也就是现在的台湾岛。汪大渊在这一条里明白地表示出琉球是国内，不属于国外，即**"海外诸国盖由此始"**。就是说，台湾属于中国，来到琉球仍然是逗留在国内，尚未开启出国的航程，离开琉球才

算是前往外国。琉球人说的话跟彭湖人说的话几乎一样，汪大渊无论是做买卖还是到各处游历，在语言上都畅通无阻，这让他心里很是舒坦。稍稍安顿下来，汪大渊就开始四处游览了。

他发现，这里地势险峻，林木茂盛，树围最大的要两三个人才可以合抱。这里的山脉高低起伏，山峰林立，每座山峰都各有其名。它们有的叫翠麓，这名字好听，意思也明白。可是有的山叫"重曼"，有的叫"斧头"，还有的叫"大峙"，他就觉得有点好玩了。那个大峙山特别挺拔，山峰高耸入云霄，据说在彭湖岛上都能望见。有好几天，汪大渊都登上这座山峰观看潮起潮落。他看见半夜时分会有一轮红日从山谷那头缓缓升起，光辉染红了整个天空，山顶仿佛也被点亮，光明通透简直让人为之赞叹。

这里与彭湖不同，土地非常肥沃，气候也比较温暖，适合种植庄稼。不过这儿的人还没有学会造船，水里都是竹筏或木筏在穿梭。当地的男人女人，都梳着一个拳头大小的发髻，穿着花布衣衫。他们也煮海水取盐，用甘蔗酿造美酒。这里有酋长统领着，社会秩序不错，人们讲究父子亲情和骨肉情意。假如有别国的人敢来侵犯他们，他们必定会奋起反抗，把敌人的肉割来生吃，把敌人的头挂在木竿上示威。说起当地的物产真是丰富，有沙金、黄豆、麦子、硫磺、黄蜡，还有鹿皮、豹子皮等兽皮。他们喜欢大陆的瓷珠、金珠、碗、处州瓷器，还有玛瑙等。

　　因为是在祖国的岛屿做客，生意上一切顺利，汪大渊很快就掌握了规律。空闲的时候，汪大渊也不忘帮船上干活，向年长的水手学习地理和航海知识。他请求纲首在琉球多待些日子，好让自己尽情浏览祖国的宝岛。纲首也很喜欢这个勤快又好学的青年，就答应了。到了夏季，船队乘着古人所说的淳风——西南风，浩浩荡荡驶向了远洋，接下来，对于海外诸国的探索，就要从这里开始了！

　　经过几日航行，船队陆续登上了卡拉棉（Calamian）、巴拉望（Palawan）和布桑加（Busuanga）三岛，这些都是菲律宾的地界。岛屿上有层叠的山脉，岛上居民们都住在靠近海岸的陆地。这里土地贫瘠，种不了什么粮食，当然也没有稻田。男子们都在头顶束发，女子则将头发结成锥形的髻。因为气候炎热，人们只穿单衣。这儿的男子要是有了一些钱，大多会跟随船只来到中国的泉州，花光身上所有的钱，去找技艺驰名的文身师父文个身。那么，当他回国的时候，国内的人们都会以尊长的礼仪来对待他，请他坐上座，就算是他的父亲也不得与他相争，真是神奇的风俗。因为这个人到过的地方是中国，才会如此受到优待。

　　汪大渊回想起前段日子在泉州看到的各种盛况，自然也少不

了从各地来的能工巧匠，其中就有文身的师傅。不过在泉州的时候，汪大渊对文身是不感兴趣的，不知道这玩意儿究竟有什么魅力。如今在异国他乡，他似乎有点儿理解了人们对文身的爱好。衣食无忧了以后，人们总想追求点精神的东西，所以有人爱书，有人爱茶，有人玩鸟，原本就是很自然的事情。现在看看这些文了身的大汉，汪大渊觉得也不那么异样了。

与琉球一样，三岛的居民也从海水里取盐，酿造甘蔗美酒。三岛的土产有黄蜡、木棉和花布等，船队带过去的物品是铜珠、青花瓷碗、印花布和铁块等。接下去就到了答陪、海胆、巴弄吉、日蒲里咾、东流里等地，这些地方没有什么特产，所以船队只是补充了淡水和食物，就匆匆离开了。

几天之后，船队来到了麻逸（菲律宾的民都洛岛）。这座岛上山势平缓，有几条溪水从山顶上流淌下来，土地甚是肥美，气候也温暖适宜。这儿的男人和女人们都梳着锥髻，穿着青布衫，这没有什么特别的。但是有一个风俗却让汪大渊听了不寒而栗。据说如果哪个女人死了丈夫，她就要被剪去头发绝食7天，还要和死去的丈夫一同睡觉。大多数人熬过这7天以后，差不多都快要死了。要是7天之后这女人居然还活着，亲戚们就会劝她吃东西，她这才得以存活，但是却终身不得改嫁。有些刚烈的女子，甚至会在焚烧丈夫尸体的时候，冲进火堆里殉情。要是酋长或土豪之类的人物过世，则会有二三十个奴婢被杀掉殉葬，非常残忍。

这里的人民同样用海水制盐，酿造糖水酒。当地出产木棉、黄蜡、玳瑁、槟榔、花布等，百姓们需要的中国商品通常是香炉、铁块、五彩布料、红绢、银锭子等等。当地商贩购买中国商品的时候如果缺钱，常常会把本地货物贩卖到附近其他岛屿，用交易得来的钱再支付给中国商人，不会赖账，很守信用。

离开麻逸的时候，已经是中国的秋季了。阖闾风——西风鼓起了船队的风帆，把汪大渊带到了无枝拔（马来半岛西南岸的马六甲一带）。这里有个地名很有趣，叫做阇麻罗华，它的东南面有一座岛屿，岛上东西两边各有一座石山对望，就好像是两个相守而望的情侣。汪大渊心想，何不把这两座山合称情侣山呢，一座叫凤山，一座叫凰山，凤凰和鸣岂不妙哉，不过，那是别国的事，咱们可管不着啊。

这儿的气候常年都很炎热，只有春天的时候才稍感寒意。岛民们劈山为田，种上番薯。男人女人都编着辫子缠在头上，腰上系着红布，流行指腹为婚的习俗。这里整个国家的人都非常懂得礼义之道。如果有人不守信用，他就必须接受惩罚，把金子上交

给酋长。这儿的人跟别处不同，他们用椰子汁和蕨根粉酿的酒，十分可口。当地的特产是带有花纹的锡块和铅，这种锡块通常叫做花斗锡。还有一种长着翡翠一般漂亮羽毛的鸟，叫做翡翠鸟，鸟的羽毛也是颇受欢迎的商品。汪大渊这一班人在这里贸易，卖出的是瓦罐、铁质香炉之类的物品和江西处州的青白瓷器，还有产自印度的细布。

2. 抹香鲸的馈赠

在一个和风吹拂的下午，汪大渊他们的船队登上了一个稍微带点恐怖味道的岛屿——龙涎屿（苏门答腊岛西北海上的布腊斯岛）。这座岛呈方形，较为平坦，有着广袤无垠的荒野，一望无际的大地上空盘旋着厚重的乌云。汪大渊还从来没有看到过这般荒凉的地方，他有点害怕，登岛的时候，表情不太自然。有些年长的水手对他发出了善意的嘲笑声，汪大渊也只能领受。

这个地方没有任何物产。每当天气晴朗之时，海岸边就会涌起阵阵浪潮扑打在沙滩上，声势浩大。成群的抹香鲸会游弋到岸边，把它们病胃中的液体——龙涎唾沫吐在岸边，所以这座岛才被形象地称做龙涎屿。龙涎的颜色有的乌黑，有的像海绵状的海石，闻起来有点腥味。要是把龙涎同其他的香料放在一起，不管是伽蓝木、龙脑香木、檀香木、麝香，还是栀子花、沉香、蔷薇香水等，这些香物的香气都能被最大限度地引发出来。所以这种让人讨厌的东西竟然还是稀奇之物呢！

汪大渊回忆起自己离开家乡南昌前往泉州的时候，乡亲们中间也有说闲话的。说他是个愣头青，不懂道理。父母在，不远游，老古话是不能违背的呀。你汪大渊读了那么多书，就该等着考科举，一旦中榜，全家都扬眉吐气，连乡亲乡里的都沾光。为何要大老远地跑到外面去呢，真是不孝呐。听了这样的话，汪大渊确实心里不好受，他也曾犹豫过。到底还是父母的理解跟支持，让他下定了出去的决心。

这段日子的海上游历在汪大渊的脑子里浮现了一遍，他一点都不后悔自己年纪轻轻就踏上了航海之旅，这段经历使自己知晓了许多过去从未听说的东西。这样想来，自己刚出远海那阵子天天呕吐，不服海洋气候的痛苦感受似乎减轻了不少，甚至都有点淡忘了。这个无人居住的岛屿居然也让汪大渊在此勾留了几日。岛上没有常住的居民，只是偶尔有外国人乘坐着用完整的大树凿成的舟船过来，取走岸边的龙涎香，然后就守株待兔，卖给路过此岛的商人。老天爷的礼物也能卖，这交易真不错，汪大渊他们

也用金银从这些人手里买了一些龙涎香。

几个月后，船队到了交趾（越南北部地区）。这里山脉环绕，地势险峻，山谷间河流众多。当地人在国境最外围建造了几十个桩子作为防御设施。此地气候常年炎热，地广人众，田地很肥沃。这里的人们皮肤白皙、牙齿略黑。他们像中国人一样遵守礼义之道，穿着的服装也很像中国唐朝的服装，头上戴着帽子，脚上穿丝袜和方鞋。民间聪颖优秀的小孩子，都会在8岁上小学，15岁上大学，诵诗读书、学做文章、修养品行。这里的人除了语言不同外，跟中国人并无差别。史册中记载他们从古到今都在向中国进贡，大概因为这样才慢慢学会了中国文化和中国人的品行。中国的汉字文化对东南亚周边国家产生了强大的辐射力，汪大渊来此看到汉字和汉服，一种无法言说的亲切感油然而生。

不过，有一种习俗汪大渊并不喜欢，那就是当地首领只娶跟自己同姓氏的女子为妻。中国人很早就知道近亲结婚的弊端，只是有时候为了某些政治或其他的目的不得已而为之，在文化观念上从来都不提倡这样的婚姻。

这里的人同样煮海水为盐，酿高粱美酒。此地物产丰富，盛产沙金、白银、铜、锡、铅、象牙、翡翠鸟的羽毛、肉桂树木材和槟榔等。汪大渊跟伙伴们也拿出了丰富的货物，有各种颜色的绫罗绸缎、青色的布料、象牙梳子、纸簿、青铜、铁这类东西。当地人使用铜钱作为流通货币，官方折算 70 钱，为我国元代中统银子一两。令汪大渊不满意的是，作为外国人，他不能到当地官衙所在地参观，难道是怕外国人窥见了他们国家的什么秘密吗？这让汪大渊有点兴味索然。

几天之后，船队来到了占城（越南的中南部）。占城在地理上属关隘要道，与新州和旧州相邻。这里的气候十分炎热，天天都好像挂了一个大火球。但田地的肥沃度还算不错，能够种植谷子。不过这里的人性格野蛮，喜欢搜刮抢掠。汪大渊在这里听到一个恐怖的故事，说的是一个官家的人，每年的上元日和下元日，都会在集市上贴出告示，征集活胆。有些无耻又贪财的人就想办法采集了活人的胆卖给这个官家人。这人得到活胆后就用来泡酒，还让家人与自己同饮。他常常煞有介事地对家里人说，吃下活人的胆，自己就会全身都充满了胆量，能够使别人畏惧，从此自己也再不会生病了。这人的发妻是个善良懦弱之人，不愿跟丈夫一起吃这样的东西，并劝丈夫放弃这种癖好。可是丈夫不听，这妇人后来郁郁寡欢，不久就去世了。

汪大渊听到这个故事时难受得要命，几天都吃不下饭。多亏同船的伙伴安慰他，说既然出来了，就要坦然接受一切，把自己

的身体弄坏了也不值。汪大渊想想也是，自己出海不就是要增长见识吗，怎么倒变成了不经世面的乡巴佬了呢。他赶紧支撑起身子，把看到和听到的一一都记录下来。

等身体恢复正常以后，汪大渊又像往常一样，到处去转悠了。他沿着城市的河流边走边考察，发现城市下游的水道迂回曲折，船舶进城需要花费几天时间。有一个情况让他产生了兴趣，他当晚回到客栈就记了下来。

> 城之下水多回旋，船往复数日，止舟载妇人登舶，与舶人为偶……明年，舶人至，则偶合如故。

原来，正是因为船舶进城需要花费几天时间，所以有些船上的男人要是看见了岸上某个妇人，就叫她上船，俩人便在船上做了"夫妻"。男的撑船，女的烧饭浆衣。傍晚时分，不是妇人唱起船歌，就是男人天南地北地侃上一通，就像是老相好一样。等男人办完事情撑船离开此地时，那妇人还会痛哭流涕跟其告别。等到明年，要是那个男人又来了，这对男女又会在船上成为"夫妻"，又操演一番上次的经历，情深意笃，实在令人感慨！如果有不幸遭难流落到此地的人，妇人们也会给他送吃的，做衣服给他穿，他走的时候甚至还会凑些银两给他，实在是有情有义。

这里人穿戴的服装跟唐朝人有一半是相似的，他们一天要沐浴三四次，还用龙脑香和麝香合成的香油擦拭身体。不过，当地人写字是黑纸白字，与中国正好相反。他们煮海水为盐，酿小米为酒。当地特产有铁树、迦南树和叫做"打布"的衣料。船队在当地交易的商品是青花瓷碗、金银首饰、酒、各种染色的布料和烧珠等。烧珠是一种漂亮的珠子，多是瓷珠，串起来用作装饰品，是妇女的最爱。烧珠这种东西也不占地方，中国商人总是会多带一些，在多数地方，烧珠都是很容易出手的货物。

下一站到达民多郎（越南的芽庄一带）。此地是临海的重要港口，从腹地流出的河水直接同大海汇合，河水清淡可口并不咸涩。这里气候较热，稻田非常富饶肥沃，百姓们种植了大量稻谷。这里的风俗比较简朴，男人和女人都梳着锥形的发髻，穿着短皂衫和青色的短布裙。他们并不是直接从海里取水熬盐，而是通过凿井来获取咸水，用于烹调食物，他们也酿造小米酒。此地由酋长统治，执行非常严厉的管理制度，若是有人犯了偷盗罪，则一家子人都会被连坐。在如此严苛的法律面前，自然极少有人铤而走险了。当地出产有乌木、檀香木、木棉花、牛皮等。船上的中国人在当地交易，卖出了漆器、铜香炉、各色绢布、带花纹

的锡块和酒等物品。

几天后，船队行驶到了宾童龙（越南东南部的藩朗一带）。这是隶属于占城国的一个地方，与占城接壤，夹在宾童龙河与其支流之间。佛书上记载这里曾经做过都城。有人说，这里保存着佛教弟子目连的屋基旧址，不知是真是假。

目连救母是广泛流传于我国民间的故事。一说源于道教，道教认为，七月十五日为中元日，地官要搜选众人，定出人间善恶。这一天要日夜讲诵《道经》，十方大圣，一起歌咏灵篇，囚徒饿鬼，当即解脱。另一说源于佛经，说释迦牟尼的弟子目连曾设百味果，供养十方僧众，救母于倒悬之中，佛教于是兴起盂兰盆会，"盂兰"是梵语"倒悬"的意思。七月十五日后来演变成了中元节、盂兰盆节。唐宋以后，七月十五中元之日成为热闹的岁时节日，许多地方都要在这一天上演目连救母戏，玩放河灯的游戏。目连救母故事也是唐人绘画和唐变文的题材，敦煌就有目连救母变文十六则，英国伦敦不列颠博物馆也收藏了全本的目连救母变文。

众多目连戏的故事情节远比佛经更为丰富，大意是目连要报答父母之恩，却得知母亲成了饿死鬼，陷于地狱之中。目连找遍了地狱也找不到母亲，后来还是凭借佛陀的锡杖才得以进入其中深处，佛陀也自己亲临地狱，放出万丈光芒，大破了地狱，于是目连的母亲变成了倒悬的饿鬼，目连虽然把饭食送到母亲嘴边，但是饭食还没等入口顷刻之间便化作炭火，母亲仍不能进食。目连哀求佛陀，佛陀说其母罪根深结，非一人之功可以解救，必须仰仗众僧之力。于是目连在七月十五日供养了十方大德的众僧，把母亲由饿鬼变成黑狗。目连又引导黑狗七日七夜诵经忏悔，终于让母亲变回人身。中国是个讲究孝道的国家，各种版本的目连故事因此而世世代代流传下来。

汪大渊在家乡时看过有关目连故事的绣像小书，这会儿真想亲眼看一看目连的屋宅，但是却没有找到这个地方。

当地的风土人情、气候、田地，都与占城非常相似。这里若是有人去世，他的家人要身着孝服，并且请婆罗门教人士为死者选择偏僻之地埋葬他的骨灰。此国国王出行的时候总是骑着大象或者骑马，他身后跟随着百余个仆人，为他打着红伞，唱着动听的赞歌，一路上歌声悠扬，场面甚是可观。

这里有一种叫"尸头蛮"的女害人精，其厉害程度超过占城所传说的那种。人们为了躲避这种怪物，常在庙里用血来祭祀。传说还有一种眼中没有瞳仁的怪人，她们也是父母所生，应该与一般女人并无差别。可是到了半夜，她们的头就会飞离身体去吃

人们的大便。假如没有了头的身体被人用纸或者木板盖住了颈脖子，飞离的头找不到接回来的地方，那怪人就会死去。所以一般人要是大便了，必定会用水冲洗干净，否则怪人的头吃了他的大便，还会追着臭味要跟人同睡。人要是不同意，或者惹恼了她，就会被开膛破肚吃掉肠子而死，实在是耸人听闻！不过，这时候的汪大渊，心理承受能力已经今非昔比了。他每天只用少量时间做买卖，却花大量时间去各处采风，了解到这样的习俗的时候，他显得相当镇静，当晚就仔仔细细记录下来。

说到特产，这里有迦南木和象牙，船上人做交易用的是银子和印花布。之后，船队去的是胡麻、沙曼、头罗、沙岐、宝毗奇、新故、越州诸国，都没有什么特产，之前也没有什么船来过，汪大渊也就不记了。

几个月的海上生活过下来以后，汪大渊初上船时的那种激动和兴奋慢慢退下去。他的笔记就不像日记那样，按着日子来记了。他有时一天要写好几次，有时几天才写一次，所以再往下看，他写的顺序不一定就是航行的顺序了。

后来船队来到了真腊（柬埔寨及越南南部地区）。此地是一个大城市，有 5 座城门。城墙周围 70 余里，绕城河有 20 来丈宽。殿宇有 30 多处，极其壮丽辉煌。很多墙壁是用金子砌成的，地砖是由银子铺成，还用七彩宝石做成椅子供奉主人。国中的贵人贵戚的座椅也都是金子做成。每年聚会的时候，要在殿前摆上玉猴、金孔雀、六牙白象、三角银蹄的牛罗。铜台上有 10 只金狮子，再用 12 只银塔镇住铜台。这种豪华的场面汪大渊还是第一次见识，在他的眼里，这就是极度的奢侈了，大概皇帝的宫殿也不过如此吧。但是在中国，普通百姓根本进不了皇宫，这么奢侈的东西也只是在这异邦才能看到。

这里的人们饮食的时候，盛食物的器皿、茶盘、碗也是用金子做成。曾被外人称作百塔洲的地方，果真有百座真金浮屠，只是其中的一座被一只狗碰了塔顶而没有造成，怪有趣的。又说还有个叫司马录池的地方，也建造了五座浮屠，都是黄金做的塔顶，有人把这儿叫做"桑香佛舍"。还有一座包金的桥，长 40 余丈。谚语里也说："真正的富贵就在真腊啊！"更令人瞠目结舌的事情还在后面呢，据说，此地能够作战的大象就有 40 余万只，这阵势该有多么雄伟壮观，敌人看了一定会胆战心惊吧。

这儿气候常年温暖，田地富饶多产。人们煮海水为盐，酿米为酒，风俗崇尚奢华，男人女人都梳着锥子状的发髻。若有人家生的女儿 9 岁了，就会邀请僧侣来家里做法事，在女孩和母亲的额头点上红点，这样的风俗叫作"利市"。经过这样的洗礼后，

女孩他日就能嫁入好人家，并给国家带来富贵。女孩满10岁即可出嫁，这可真有点早啊。

最奇怪的事情要算这么一桩：这里的男人要是妻子与客人通奸，丈夫不仅不会恼怒，反而十分欣喜，并向别人夸耀："我的妻子真聪慧，能让别人喜爱她。"丈夫还要让她身穿锦缎，眉心点上朱砂来炫耀。对于这样的风俗，汪大渊记是记下了，不过在态度上，他是不敢苟同的。

这里的酋长或豪绅来往出入，皆坐着金车，戴着璎珞，右手持剑，左手拿着拂尘。这里还有许多非常残酷的刑法，如劓刑、刖刑、刺配之刑等，若是犯了盗窃罪，会被砍断手足、烙胸背、在脸上刺字。若杀了唐人更是会被判处死刑，如果唐人杀了外国人，则只罚重金，要是没有金子，可以卖身换来金子充作罚金。可见我大唐盛唐声名远播，让远在异国他乡的华侨也能得到特殊的待遇。不过，杀人总是不好的。

这里生产黄蜡、犀牛角、孔雀、沉速香木、苏木、大枫子木、翡翠鸟的羽毛，产量远在各番国之上。跟真腊国人做交易，船上人用的是金银、黄红色烧珠、龙缎、建宁锦和丝锦布等物。

汪大渊经过几个月的海上旅行，身体上已经逐渐习惯了漂泊的生活，精神上更是觉得从未有过的愉快和充实。有的时候，船队遇上风浪，靠不上岸，又断了粮食，连船员都叫苦连天，可是汪大渊却学会了安慰和照顾别人。他到底是个二十出头的年轻人，身体扛得住，尽管瘦得脱了形，最后还是坚持了下来。

一个月后，船队驶入了丹马令（马来西亚的淡麦岭河流域）。此地跟沙里、佛来安是邻国，山势平缓，气候温和，多稻田，所产的粮食绰绰有余，新收获的粮谷经常由于长期贮存而变为陈粮。这儿的风俗节俭质朴，男男女女都梳着锥形的发髻，身穿白色衣裳，腰上围着青色的布条。民间订婚，要用锦缎和白色的锡块做为彩礼。居民们在酋长的统治下生活，他们同样煮海水为盐，酿造小米为酒。这里的特产是上等的白锡、龙脑香、降真香以及叫做"黄熟香头"的香料，还有龟壳和有着象牙质头盖骨的一种鸟。船队的伙伴用甘理里出产的布、中国的青花瓷碗和鼓跟当地人做了交易。

逗留了几日之后，一行人又来到了日丽（苏门答腊岛东北岸的日里）。这是一座夹在两山当中的地方，虽然地势平坦空旷，可惜气候春天干燥夏天暴雨，导致种植庄稼总是违反时令，故而每年的收成甚少，只得从他国进口粮食。这里的男女都梳着锥形的发髻，头缠白色缦布，腰上系着小黄布遮羞。这里的气候是冬天温暖，风俗是讲求道义。丈夫死了，妻子不能再嫁。这个国家

洪州窑青瓷（选自《吉州窑研究与永和镇旅游开发》）

由酋长统领，土特产是乌龟壳、鹤头鸟、降真香和锡等。跟当地人做生意，船上的人们卖出的是青瓷、花布、粗碗、铁块、小印花布和五色布之类。

写到青瓷，汪大渊心中不免涌上一阵思乡之情。《岛夷志略》里记述，汪大渊搭乘商船远航诸夷（古代的中国把外国泛称为"夷"），在船上装的最多的货物就是瓷器，其次是丝绸、药材、纺织品等生活用品。

根据专家考证，江西洪州窑是青瓷发源地，唐代已是全国六大名窑之一。江西的古代名窑，在元末之前还有永和镇的吉州窑，它出产的瓷器种类繁多，风格多样，纹饰丰富。光按釉色就可以分为青釉瓷、黑釉瓷、绿釉瓷、彩绘瓷等，装饰上则有洒釉、剔花、印花、刻花、划花、彩绘、剪纸贴花、堆塑和雕花等，其中的青花瓷是文人雅士和收藏家的最爱，更是名声在外。汪大渊的家里也有不少漂亮的青花瓷器。现今，在中国大陆，真正的元代青花瓷器大约只剩千余件，有很多地方的官方博物馆里虽然有明清时代的青花瓷器，却没有元代的，足见其珍贵。

江西瓷器在元代早已经融入了国际贸易的大格局中，瓷器不仅是生活实用品，也是精美的艺术品。为了提高瓷器的档次，南昌的画师经常在销往海外的器物上绘制人物画，其中也包括裸女画。我们很难想象在当时那样一个观念十分保守的年代，画师们是如何一笔一画地描绘着美人的胴体。据说景德镇的青花瓷图案现存有 500 多种，其中国内只有 200 多种，在海外的倒有 300 多种，这些都是相当珍贵的文物了。

宋元两代，政府都比较重视海外贸易。朝廷还会派出使者到海外各国邀请商人前来中国进行贸易，使陶瓷外贸获得长足发展。仅在埃及的福斯塔斯特，就有来自中国的陶瓷 12 000 片之多。元代的统治阶级则更具有世界眼光，他们认识到，国力的竞争不仅包括军事，也包括商业，因而更重视海外贸易。为了促进海外贸易，朝廷还制定了较低的税收，以起到鼓励的作用。如今，只要是打捞出古代的海底中国沉船，或者是在外国的某个中国人曾经到过的地方发现了出土文物，那么，其中就一定会有江西的瓷器。江西瓷器的光芒闪耀在海内外有人居住的每个地方。

江西盛产瓷器，是名副其实的瓷都。源源不断制造出来的各种瓷器成为支撑南昌商人从事海外贸易的支柱商品。商人卖瓷器

到任何地方都是包赚不赔，这就培育了一种重商的文化氛围。在南昌人看来，读书做官是一种人生追求，做生意赚钱也是一种人生道路，没有什么低人一等的道理。而在汪大渊看来，把江西的瓷器推荐给异国人，就不仅是介绍中国的商品，更是介绍中国的文化。他相信中国的瓷器，特别是景德镇的瓷器，应该是天底下最好的物件，他们不仅是实用器皿，也是精美的艺术品。自己作为一个江西人，能把瓷器卖到海外，也是一种义不容辞的责任。

再往后，汪大渊的商船队在东南亚一带时而航行时而登岸，有时候航线甚至是迂回的。这其中有气候和天气的原因，也有商业上的道理，汪大渊并不十分了解每一次的航行和停留都有什么不同。但是，毕竟是第一次出海远航，一切都那么新鲜，汪大渊并没有感到厌烦。离开日丽后，船队又一次来到菲律宾一个叫做麻里噜（马尼拉）的地方。

船队沿着河流驶入了内地，这里山势较高，河中常见裸露的石头，树林却极为稀少。山上多梯田，非常贫瘠，居民只能多种些番薯充当粮食。此地气温较热，百姓很看重一个"义"字。官员如果去世，他的妻子不能再嫁于平民，只能选择别国官员符合条件者，否则的话她就只能削发为尼终其一生。此地男女都梳着拳头般的发髻，穿着青布短衫，系红布腰围。人们煮海水为盐，酿造甘蔗汁为酒，编竹片为床，点燃生蜡当作照明的灯。这里出产玳瑁、黄蜡、降香、用芭蕉叶编织的布和木棉花。跟他们贸易，船上的人们用了金锭、青布、瓷器盘子、处州陶瓷、水坛、大瓮和铁罐子等。

船队向南航行来到了遐来勿（苏拉威西岛）。此地在苏拉威西大火山附近、古泊村的下面。苏拉威西大火山盘旋数百里，望不到它的边，真不能想象它爆发时的威力是如何的巨大。这里气候是春夏秋季热，冬季稍冷，通常没有人生病；但是如果气候反常，则瘴气滋生，人畜皆病死。当地的男人女人头上都挽发髻，发髻上缠红布，腰系青色布条。不知道民风民俗跟地理和气候环境有什么样的关系，只听说当地的人们都崇尚妖怪。如果有人死了，居民会在死者的脑子里灌水，据说这样做可以养尸，让尸体在埋葬之前不易腐烂。当地的居民尊奉酋长为统治者，人们煮海水为盐，酿造椰子酒。此地出产苏木、玳瑁、木棉花、槟榔。跟当地人贸易时，汪大渊和伙伴们用了海南布、铁线、铜香炉、红绢、五色布、木梳、篦子、青瓷和粗碗等。

在汪大渊所搭乘的商船中，汪大渊所装载的瓷器有几个产地种类。除了景德镇产的青白花瓷、青白瓷和青瓷，主要还有乌瓷和处州瓷。乌瓷，现在叫黑瓷，江西吉安出产。处州瓷，

后来叫龙泉瓷，福建出产。从器物来看，主要有碗、罐、瓶、瓮、珠。

那么，商船队中所携带的瓷器是从哪里采购的？根据诸位南昌学者的考证，南昌是一个巨大的瓷器交易市场和集散地，货物量大、价格便宜，因此商人们主要选择在南昌万寿宫附近的翠花街购买瓷器。当时南昌有很多瓷商在景德镇坐庄购瓷，再运到南昌销售。瓷器是易碎品，一个具有海外贸易头脑的人，是不会大老远跑去景德镇团购，而是在南昌就地购买。

汪大渊对品种是很讲究的，他在南昌买的景德镇瓷器有两个品种，就是青白花瓷和青白瓷。青白花瓷是最好的等级，后来叫青花瓷；青白瓷，青中带白，没有花纹，比较朴素。

离开南昌后，汪大渊就沿着赣江南下，路过江西的吉安，在永和镇再购买一些吉州窑生产的廉价瓷器；离开吉安，汪大渊继续南下到赣州，在此地又购买一批七里镇出产的廉价瓷器；这些较为粗糙的瓷器对于大多数的外国人来说，基本分辨不清，只要是瓷器就是好东西，中国就是瓷器的代名词，哪里还管它们是什么品种。所以，即使是价格低廉的瓷器也能在外国很多地方畅销无阻。

离开七里镇进入贡江流域，过了石城后抵达琴江上游，来时的船就不能再乘了。必须在此地卸货，再雇佣当地的挑夫，把所有货物挑着，走过十多里的山路进入福建境界。然后，人和货物都在沙溪河的上游重新上船，顺流而下进入闽江，直达海口再抵泉州。到泉州后，汪大渊在当地还会购买一些龙泉窑的瓷器及其他货物。

所以说，汪大渊把瓷器作为远洋贸易的大宗货物是很有道理的。

船队离开遐来勿后，就来到了彭坑（马来西亚的彭亨）。这是一个多山的地方，山旁是平原。气候稍有些热，土地肥沃，五谷丰登。当地的统治者是酋长，男女都梳着锥形的发髻，身着长布衫，围着单层的围腰布。富贵家的女子，头上戴着四五层镶金的头冠，脖子上是五色烧珠串成的项链。当地人谈婚论嫁极为讲究，双方都要拿出五钱重的白银作为礼物。这里的居民煮海水为盐，酿椰浆为酒。物产有黄熟香料、沉速香料、龙脑香、粗降真香，真是香料王国啊！其他的还有印有花纹的锡块和树脂。跟他们贸易，汪大渊和伙伴们买进来的多是香料，这些香料运回国内都是抢手货，出售的是染色的绢布、阇婆布、铜铁器、漆器、瓷器、鼓、板之类。

吉兰丹（马来西亚的吉兰丹）地势宽阔，山地贫瘠，田地较

少。气候温暖，粮食若能在夏天成熟，则可获得翻倍的收成。男人女人都束发，上身穿短布衫，下身围黑色布。人们都非常讲究礼仪，每逢四季节庆、生辰、婚嫁等大事，亲友们都会穿着红布长衫来庆祝。居民们在酋长的管理下，以编织木棉维持生计。这里出产上等的沉速香、粗降真香、黄蜡、龟壳、鹤头鸟和槟榔。城外有小港，水深且咸，鱼味鲜美。汪大渊和伙伴们在这里不免多住了几天，尝到了各色海鲜。虽然并没有了解到什么有意思的风物，不过，满足了味蕾，也算人生一大乐事吧。此地特产不多，盛产花斗锡。跟吉兰丹人做买卖，用的是塘头市布、占城布、青盘、花碗、红绿烧珠，还有古琴、琵琶、鼓、板之类的乐器。

　　几天后，船队到达丁家卢（马来西亚的丁加奴）三角岛屿的对镜港，这是当地的交通要道。这里的山高大而空旷，田地不算太肥沃，百姓食物倒还富足。每每春天来临的时候天气就开始热了起来，雨水也开始增多。这儿的男人和女人都梳着锥形的发髻，穿绿色的夹花短衫和遮里绢布做成的腰围。当地人会把木头刻成神灵的模样供奉起来，用人血和酒掺和起来祭祀这些神灵。据说每次发生了水旱病疫等灾害，祷告的结果都很灵验，这就更让人们相信神灵。凡是遇到婚丧嫁娶等事情时，也要占卜吉凶，

结果也是相当灵验。

> 今酋长主事贪禁，勤俭守土。

如今这里由一个严禁贪腐的酋长统领，他提倡勤俭，守土有责。乡民们在酋长的领导下，个个热爱乡土，户户勤俭持家，呈现一派富足和睦的景象。这里出产降真香、龙脑香、黄蜡、玳瑁等物。跟他们做交易，船员们用了青白花瓷、占城布、小红绢、花斗锡和酒。

3. 方头之国

船队在广莫风——北风的鼓动下航行到了叫做"戎"的地方（泰国春蓬）。这是一个被山脉与河流环绕的平原，一望无际的田野连成一片，土地相当肥沃。只是气候不太好，春夏时节常下着苦雨。这里有一种陋习，小孩子生下来之后，大人要用木板从四面夹住孩子脑袋，两周后才去掉木板。这个习俗可不那么讨人喜欢。所以这里的男人女人长大以后都是方头，中国人干脆就叫这儿方头国了。当地人四季都束发，用布条缠绕身体。

这里的人用椰汁浸泡高粱米酿酒，只需半个月便可酿成味苦且辣却令人回味悠长的酒。二月份，安石榴结出了果实，人们又用石榴汁酿酒，味道酸酸甜甜，非常解渴。当地出产有白豆蔻、象牙、翡翠鸟的羽毛、黄蜡和木棉纱。在此地做交易的时候，船上的人们出卖的是铜、漆器、青白花碗、瓷壶、瓶、刻花的银子、紫烧珠和巫仑布之类的东西。

罗卫（马来西亚的柔佛）位于真腊的南面，旧名叫做实加罗山。这儿的山虽然贫瘠，平原却比较肥沃。每年春末时节就有了收成，居民们如有余粮就卖到别的国家。这里的气候不太有规律，风俗是崇尚勤俭节约。男人和女人都喜欢文身，用紫色的缦布缠头，腰下系着马尔代夫出产的布条。人们用竹筒盛放蜡烛做灯来照明，并以编织木棉作为职业。当地的统领者是酋长。

除了跟其他地方的居民一样煮海水为盐外，当地人还会用葛根来酿酒，酿出的酒水甜美，酒性温润，竟能让人整日畅饮而不醉。汪大渊本不善喝酒，到了当地也经不住美酒的诱惑，便入乡随俗，每天都喝上一两杯。

这里的特产是粗降真香、玳瑁、黄蜡和棉花。当地有着珍贵的树种，但是法律却不允许人们割取树脂制成香料或猫眼，可见他们非常注重保护环境。跟他们贸易，船上的人用了棋子图案的手巾布、有特色花纹的绢布、五色烧珠、刻花银子、青白碗和铁条等。

　　罗斛（泰国的华富里）的山体仿佛一座天然的城郭，边缘处的白石非常陡峭而锋利。这里气候温暖如春，田地肥沃，庄稼多产，为人所羡慕。男男女女都显得比较彪悍，人们梳着锥形的发髻，头缠白布，身着长衫。每当居民间发生钱粮纠纷，或有诉讼时，都由妇女来决定，可见这里的妇女相当聪慧，她们的志气和度量往往超过了男人。

　　汪大渊写到这里时微微停了笔，沉思了一会。他想到家乡江西，自古以来除了"文章节义之邦"、"理学之邦"、"江南郡望"的美称外，还有"翰林多吉水，朝士半江右"的说法。在最盛的时候，江西的书院多达数千，其中白鹿洞书院为全国四大书院之首。诗人、诗歌理论家、书法家黄庭坚是江西文人中的翘楚。著名的唐宋八大家，除了柳宗元和苏洵，其他六人韩愈、欧阳修、曾巩、王安石、苏轼、苏

王安石（选自辛利杰主编《南昌的中华之光》）

苏东坡（选自林语堂《苏东坡传》东方出版社2009年3月出版）

辙都来过江西，写下有关南昌的诗文。可是无论在江西还是在中国，女人始终是处于被支配的地位。千百年来，女性中的佼佼者也不在少数，然而除了汉代吕雉、唐代武则天等极个别的人，中国的妇女何时曾扬眉吐气地生活过？看来，老大的中华帝国也有不如别国的地方，罗斛的经验一定要传回国内。汪大渊感慨了一番后，继续提笔往下写。

当地人服从酋长的统治，他们同样煮海水为盐，酿高粱米为酒。当地的法律规定用贝壳来充当货币，代替金钱流通，每24两等于中国元朝的一万块中统钞票，民众使用起来十分方便。

此地的特产是罗斛香，味道清远，仅次于沉香。其次还有苏木、犀角、象牙、翡翠鸟羽毛、黄蜡等物品。汪大渊和伙伴们交易时卖出的是青瓷器、花印布、金、锡、海南槟榔和贝壳。

苏辙（选自辛利杰主编《南昌的中华之光》）

随后船队去了泰国一个叫弥勒佛的地方，还有忽南圭、善司坂、苏剌司坪、吉顿力，这些地方都没有什么特产，不说也罢。这一程到了泰国的不少地方，离开了吉顿力，这就又到了东冲古剌（泰国宋卡）。这里山势峥嵘，林木茂盛，下有淡水港口，外围有城堞作为界限。田野非常肥沃，天气稍稍炎热，若是下雨则会感到丝丝凉意。此地风俗轻浮彪悍，男女都留着短发，用红色手帕缠头，身着黄棉布短衫，下身穿着越里布的下装。若是有人去世了，亲人并不把死者焚化，而是将他的尸骨收集起来抛入大海之中。当地人管这种习俗叫做种植法，有让子孙后人能够获其

荫护的意思，从生物链的观点看，这大概还是有点道理的。孝顺的孩子们，在长辈去世后，则会斋戒数月表示哀悼。

当地的统治者是酋长。居民们并不擅长用海水熬盐、用椰汁酿酒。这里物产有沙金、黄蜡、粗降真香、龟壳和沉香。贸易方面，船上的人出售的是带有花纹的银子、盐、青白花碗、大小水坛、青色缎子和铜香炉之类的东西。

在苏洛鬲（马来西亚的吉打），汪大渊首先就看到了洛山，它如同一座守在门前的关卡，并溪好像缠绕在山间的彩带，地形非常适合于村落的形成。这里田地贫瘠，收获不多，气候方面温热偏暖。百姓的风俗勇猛彪悍，男女都梳着锥形的发髻，穿着青布的短衫，下身围木棉的白布。这里有一种奇怪的习俗，生育后的女子，若是体内的余血滞留不下，亲属就舀井水从产妇的头上浇下来。要是有人发热发烧，也会这样用水给她从头浇下，反复几次之后，病人居然就痊愈了，你说怪也不怪。

这里的统治者是酋长。特产是上等的降真香、龙脑香、鹤冠鸟、沉速香和玳瑁。汪大渊一行人拿青白花瓷、海南巫仑布、银、铁、水瓮、小罐子、铜香炉跟当地人做了交易。

离开苏洛鬲后，船队沿着马军山的水路航行，经过麻来坟来到针路（马来半岛北部西岸的丹老）。这儿的山体多为珊瑚礁石。

土地较为贫瘠，居民耕种的不多，一般就是种植一些番薯、葫芦，还种些西瓜。不过，海鲜跟河鲜倒是蛮丰富的，居民们常常采集海螺、螃蟹、蛤蜊和虾等作为下饭菜。内坪以下还有小溪，溪水中满是鱼蟹。每次撒网的收获，一家人好几日都吃不完。这里的气候太热，男女都用红棉布缠头，黑色布衣裹身。这里有酋长，风俗不怎么好。

当地盛产一种芭蕉的叶子，居民多喜欢编织芭蕉叶当作衣料，很多人以此为生。贝壳也被当作货币，可以在暹罗使用。买卖方面，卖出的是铜条、铁鼎、铜珠、五色烧珠、大小瓮、花布、鼓、青布之类的东西。

八都马（缅甸马达班海湾里面的莫塔马一带）是一个生机勃勃的城市，它有着被山体包围的广袤无垠的平原，可以充分享受到阳光的滋养。虽然稻田比较少，但在居民的努力耕种之下，还是能够做到自给自足。这里气候温暖，风俗质朴，男人和女人都梳着锥形的发髻，上身裹着青缦布的衣服，下身披着甘埋里产的布料。这里的统治者恪守职责，保护着国土，使人民能够安居乐业。当地有一种风俗，假如有亲人去世了，子孙必须沐浴斋戒，持续半个月后才可以把逝者下葬。下葬以后，子孙们又要天天为逝者烧香供佛。如果有人犯奸为盗触犯了法规，就会被割下头颅

挂起来示众，以起到教育作用。而那些遵守法纪的人，都会得到奖赏，所以民风也就越来越好了。

这里的特产是象牙，重的上百斤，轻的也有七八十斤，简直令人咂舌。其他的还有胡椒，品质稍稍逊于阇婆所产的。贸易方面，用了南北丝、带花纹的银子、铜、铁制香炉、丝布、带金丝的皂色缎子、姬百合、映山红之类的货物和当地人做了交换，船队在此地的买卖做得比较大。

淡邈（缅甸东南岸的土瓦）的小港离海口只有几里远，山的形状很好玩，就像铁笔一样；换个角度看，山脉又迤逦到远方，形似长蛇。居民们都傍着山脚居住，田地平坦肥沃，适合种植谷物，每年收成都有富余。这里风俗质朴，男女都梳着锥形的发髻，身着白布短衫和竹布下装。这儿的居民好像都是神农似的，能够辨认山中的各种草药。每每有人病疾发作了，都不用找大夫看，亲属直接让病人服用草药，效果如神。

居民们用海水煮盐，以织网捕鱼为业。这里盛产胡椒，品质稍逊于八都马出产的。与土著人交易，用的是黄烧珠、树汁凝成的麒麟粒、西洋丝布、粗碗、青瓷器和铜香炉等货物。

八节那间（印度尼西亚中爪哇北岸的 Pekalongan）是一座邻近海边的城邑，山为方形，树木不多。土地贫瘠，只适合种植粟和小麦。男女都梳着锥形的发髻，上身披白色缦布，下身围土布。此处风俗有些诡异，竟与湖北道澧州的风俗有些类同。每年三月，信奉邪教的民户们会屠戮陌生人来祭祀鬼魂，企图保佑自己不遭灾害。这里盛产"单皮"布料、不褪色的花印布、木棉花、槟榔。在此地贸易，售出的有青瓷、虫胶、铅粉、青丝布、坛子、瓮、铁器之类的东西。

船队在海上持续航行，来到了尖山（菲律宾苏禄海西岸巴拉望南部的 Tamparan）。汪大渊挥笔写下此地的景观：

> 自有宇宙，兹山盘踞于小东洋，卓然如文笔插霄汉，虽悬隔数百里，望之俨然。

就是说，自从宇宙开天辟地，此山就坐落在了小东洋。中国商船在海上从数百里外远远望去，这山仿佛一支笔杆直插云霄，陡峭凌厉、气势斐然。登陆以后才看到，这里田地甚少，居民多种植番薯以充饥。气候十分炎热，以至于民风也相当犀利。男人女人都是短发，头缠红绢，身披佛南圭布。人们煮海水为盐，酿甘蔗、大米为酒。这里盛产木棉花、竹布和黄蜡。这里的粗降真香生长在沙地里，所以质地不太好。与他们贸易，出售的是金

锭、铜铁香炉、青瓷碗、大小坛瓮、"单皮"布料、锦缎、鼓乐之类的东西。

4. 万牛石洞

若是从龙牙门（新加坡）出发，大概历经五昼夜就能到达三佛齐（印度尼西亚苏门答腊岛的占碑一带）。这里的人多为蒲姓，官兵们不知服用了什么药物，水战陆战都很擅长，从而能威震诸国。这里人口稠密，土地肥沃，气候温暖，春夏季常常下雨。这里的民风淳朴，男女都梳着锥形的发髻，上着青棉布短衫，下围束冲布。百姓很爱干净，都在水上建造房屋。

这里的首领是酋长。人们采集蚌、蛤蜊，把它们腌制后食用，味道鲜美。以前曾经流传过一个故事，说是有一天，一个地方突然出现了一个大洞，里面奔出了数万只牛。这些牛踩坏了庄稼，踩倒了小孩，一时间搞得天翻地覆的。于是，英勇善战的士兵们便把这些牛杀掉后食用，一直吃了三年。然后，士兵们用竹子和木头塞住那个大洞，以后就再也没有牛从里面奔出了。汪大渊觉得这个故事有点像神话，不太靠谱，不过，他还是认真地记下来了。

这里的特产是龙脑香、中等降真香、槟榔、木棉布和细花木。跟当地人做买卖，中国商人用的是色绢、红烧珠、丝布、花布、铜、铁锅之类的东西。

啸喷（印度尼西亚苏门答腊东岸的 Seruweh 一带）在监毗、吉陀以东，山脉绵延数千里。土地肥沃，气候常年温暖，适合种粟。居民用茅草建房而居，风俗较为简陋。男女都梳着锥形的发髻，他们用煮软的藤皮编织粗布短衫，下身围着生布。当地特产只有苏木，长得满山遍野都是。贸易上只跟打网国相互往来，用船做交通工具。汪大渊一行人来到当地，拿出了五色烧珠、瓷器、铜铁锅、金锭、瓦瓮和粗碗之类的东西做了买卖。

勃泥（印度尼西亚加里曼丹岛北部的文莱一带）右面坐落着壮丽宏伟的龙山，田野广阔，土地肥沃。每年春夏时节雨水丰沛，给人凉爽的感觉。冬季干燥少雨，反而极为闷热。这里风俗较为奢侈，男女都梳着锥形发髻，腰系五彩的帛布，上着印花锦衫。居民非常崇敬佛像，也很尊重华人，如果在路上遇到了醉酒的华侨，当地人一定会小心翼翼扶着他回去休息，看到这个情况，汪大渊心里就生出一份温暖的感情，就好像是在此地走亲戚一样。

当地人煮海水取盐，酿米酒。在酋长的统治下，当地人会选

举出国内最懂算术的人来掌管财务，审计收支、税收等事宜，从没有出现过丝毫的差错。这里盛产降真香、黄蜡、玳瑁、龙脑香，出产上好的杉树和桧树。对待这些树木，当地有个特别的风俗，就是把树砍伐下来劈裂以后，一定要斋戒沐浴7天，之后才能取用这些木材。这说明，当地人对自然之物还是存有一份敬畏之心的。汪大渊写到这里，不禁把手中的狼毫毛笔细细摩挲了一番，这支笔只是他从南昌带出来的20支毛笔中的一支笔，已经用了差不多3个月了。虽然它已经显得有些秃了，但是汪大渊并不想马上把它扔掉。他小心翼翼地捋顺了笔毛，把它倒挂在了笔架上。他的箱子里还剩11支毛笔，他要慢慢地使用它们，直到回国。

在当地交易，中国人出售了白银、铜器、色缎、小皮箱和铁器等。

这一次去的地方叫明家罗（斯里兰卡的 Piagalla），是在故临国（库鲁内格勒）的西面。那里有三座高山，中部的那座山上供奉着桑香佛，虽然前面摆满了各色珍宝，但是没有人敢取。另一座山中虎豹蛇虫纵横，极为危险，没人有敢于进去。另一座山里有一种红色的岩石，那可是宝贝，匠人把这种岩石切割、打磨后再经过细加工就成了高贵的首饰。首饰的成品色泽鲜红闪亮，取

名鸦鹘，我们中国人叫红宝石。商人来此地交易鸦鹘，往往只用金银。这里土地贫瘠，适合种植小米。气候极其炎热，民风倒还淳朴，被酋长统治着。男女都身着青色单衣，他们煮海水为盐，这里除了盛产红宝石，再没有别的东西了。

离开祖国快要一年了，船队本想顺着不周风北上印度，却不料刚刚十月就遇上了条风——东北风，把船吹到了暹（泰国13、14世纪的素可泰王国）。汪大渊的船从新台门的港口进入此地，只见四周山脉环绕，地势崎岖，山路更加深邃。这里气候不好，土地贫瘠不适合耕种，粮食等物只能依赖从罗斛国进口。风俗方面比较野蛮，抢掠成风。如果其他国家发生战乱，此地人便会坐着百十艘舟船，带着满船的食物前往，趁机打劫，不达目的誓不罢休，舍生忘我也在所不惜。近年，此国曾出动70余艘舟船，前往攻打单马锡（新加坡一带），攻城一月却未能拿下。单马锡人紧闭城门死守，不敢出门与之叫战。当时爪哇的使臣正好经过，暹人听说了立刻就从单马锡撤退，调转方向去抢掠昔里，结果满载而归。大约在至正己丑（1339年）夏季的五月间，暹投降了罗斛。

此地也有奇怪的习俗，人去世后用会水银灌入尸体以防止腐烂。男女在衣着方面与罗斛人相同，也用贝壳当钱使。物产有苏

木、花斗锡、枫树、象牙、翡翠鸟羽毛。船上的人们在此地交易的物品是烧珠、水银、青布、铜铁之类的东西。

爪哇就是古时的阇婆国。他们的宫殿建造在一个叫门遮把逸山的地方，富丽堂皇，十分壮观。这里国土广阔，人口密集，超过了东洋诸国。汪大渊是第一个把浩瀚的印度洋分别指称的旅行家。他把印度以西的印度洋称为西洋，把印度以东的印度洋称为东洋，这是汪大渊对亚洲地理学的一大贡献。

曾经有传闻说，这里的国王是从被雷电劈开的石头中走出来的，当地的人们惊异于他传奇的出身，便尊崇他为统领者了。又有传说，此地由女性当酋长。不知道哪个传说更为久远。爪哇国田野肥沃，地势平缓，粮食富饶，收成总是几倍于别的国家。或许正如中国人所说的，"仓廪实而知荣辱"，当地人民遵礼守法，从不为盗，居民夜里就是不关门，物品也不会少。谚语中说的太平盛世，大概就是指此地吧。这里民风质朴，人们梳着锥形的发髻，身上裹着打布做成的衣衫，只有酋长可以留长发。

大德年间，亦黑迷失、平章史弼、高兴曾往其地，令臣属纳贡税，立衙门，振纲纪，设铺兵，以递文书。守常刑，重盐法，使铜钱。

汪大渊记载了元代大德年间（实为 1292 年），福建等地行中书省平章正事官员三人——亦黑迷失、史弼、高兴，曾经代表大元朝廷来到这里。他们命令爪哇国臣服于中国，每年向中国纳税进贡。他们还在当地设立衙门，颁布法律，建立了驻兵制度，以便向中国递交文书。后来这里严格执行了法律条文，注重盐法，使用铜钱作为流通货币。民间也有用银、锡、铅、铜合铸而成的田螺大小的银钱，代替铜钱使用。从这一条里，我们可以得知，大元帝国势力强盛，其实际控制力伸展到了东南亚一带；也了解到元代的时候中国和爪哇的关系，以及中国的法律文化和金融制度对当地的社会发展所产生的影响。

这里盛产晾晒海水而取得的青盐，胡椒每年产量上万斤。此地还出产又细又韧、质地极好的染色布料，以及绵羊、鹦鹉之类。药物都要从他国进口。跟这里做贸易的时候，汪大渊他们用的是烧珠、金、银、青缎、色绢、青白花碗、铁器。

之后，船队又驶往巫仑、希苓、三打板、吉丹、孙剌……

重迦罗（印度尼西亚东爪哇的 Janggala）在杜瓶东面，跟爪哇接壤。这里的山脉高耸秀丽，风景优美，满山遍野除了芒果树和楠树再也看不到别的树木。国内有一座石窟寺，前后要穿过三道门才能进入最里面，然后就豁然开朗，场地之大竟能够容纳

一二万人。这里气候较热，土地的肥沃不如爪哇国，但风俗淳朴。男女都把发髻扎成一小撮，身着长衫。这儿的人煮海水为盐、酿米酒。当地没有酋长，由年长者统领百姓。这里出产绵羊、鹦鹉、细花棉布、椰子、木棉花纱。汪大渊的伙伴们跟当地人做交易，拿的是印花的银子、带花的绢布和各种色布。

接下来他们去的一些国家与此地相距约有几天的水路，就是孙陀、琵琶、丹重、员峤、彭里。这些地方的人多野蛮懒惰，自己不耕种粮食，专门掠夺他国。

都督岸（加里曼丹岛西南岸的沙捞越）是岸边的平原，水道可以直通到淡港。此地土层较薄，田地却还肥沃，适宜种植谷类，番薯产量很大。这里夏天气温凉爽，经常有雨。春天和秋冬因为少雨反而更热。这儿的男女都很懂得礼仪秩序，梳着锥形的发髻，上穿绿布短衫，下围白布。每年到了正月第三天，民间就会举行祭拜山神的仪式，长者幼者都要在厅房焚香罗拜，用酒和牲畜作为祭祀品。这种活动名为"庆节序"。

这儿的统治者是酋长，土著人不喜欢用海水煮盐，爱用蜂蜜水酿酒。当地出产一种"片脑"的香料，还有粗速香、玳瑁和乌龟壳。在这里做买卖，中国商人卖出的是占城布、红绿绢、盐、铁铜香炉、彩缎之类。

　　文诞（印度尼西亚班达群岛）被渤山环绕，山脚下溪水汩汩地流过，土地却较为贫瘠。居民们一半的食物由沙糊和椰子充当。这里气候炎热，民风常行男女之事，大概炎热的地方都是如此。男人和女人都梳着锥形发髻，上身赤裸，只有下身用青布围着。由于白天害怕太阳毒辣，所以人们不事耕种。只在黄昏之后才出来干活，打鱼、捕猎、砍柴、打水，也是忙忙碌碌的。这里的山间并没有毒蛇猛兽的侵袭，夜里也不用关门闭户、担心盗贼来访，一切都相安无事。有很多皮肤黑黑的巴布亚人在这里生活。土著们由酋长统领，百姓煮海水为盐，酿椰子汁为酒，妇女们以编织木棉为自己的职业。当地盛产肉桂树、肉豆蔻、豆蔻花，贸易方面，中国人出售的是水凌丝布、花印布、黑瓶、鼓瑟等乐器和青色瓷之类的东西。

　　苏禄（菲律宾 Sulu 群岛）以石崎山为天然的屏障，土地比较贫瘠，适合种植小米和麦子。民众们喜欢以沙糊、鱼虾、田螺、蛤蜊为食。这里气候较热，男人女人都梳着短发，上衣用皂缦，下衣用小印花布。居民靠煮海水获取食盐，酿甘蔗酒，以编织竹布为职业，酋长治理着百姓。此地出产中等的降真香、黄蜡、玳瑁和珍珠。这里的珍珠与沙里八丹、第三港等地方出产的相比，青里透白，珠形圆润，价钱也更加昂贵。中国人用这样的珍珠做

海市蜃楼里的 万国风情 【汪大渊】

成首饰，不易褪色，被视为绝品。珍珠中大一些的差不多竟有一寸直径，在产地能值七八百余锭钱，中等的值两三百锭，小一点的也值一二十锭。若是再小的珠子，那便是出自第三港，苏禄是见不到的。与此地贸易时，中国人卖出了铜、银子、八都剌布、青色瓷珠、处州瓷器和铁条之类。

这一回，船队来到了龙牙犀角（泰国的北大年一带）。此地的山峰是内部平坦外部陡峭。居民绕山而居，仿佛蚂蚁附着在山坡上一样。气候比较热，田地不怎么肥沃。男女都梳着锥形的发髻，牙齿洁白，身着麻逸布做成的衣服。民俗比较看重亲情，亲戚之间若一日不见，就会携酒登门，拜访慰劳对方。亲人之间常常是彻夜畅饮而不醉。

当地有酋长，百姓都煮海水为盐，酿米为酒，盛产的沉香，品质为诸国之最；另外还出产鹤头鸟、降真香、蜜糖、黄熟香头香料。在当地做买卖，中国人出售了印花布、八都剌布、青白花碗之类。

汪大渊他们的船队在印度洋一带已经来往了好些日子，有些地方已经不止一次来过。汪大渊不清楚为什么要在印度洋以东海域反复贸易，因为他并不是一个纯粹的商人，此中的商机和利益他或许一生都学不会。但是，汪大渊是个善解人意的随和青年，他不会去干扰纲首和船员们的决定。他们要把船驶往哪里，汪大渊也就随船到哪里。即使是再一次来到相同的地方，在一个旅行家的眼里，也是会呈现出不一样的风情，所以他一如既往地和伙伴们一起做买卖，勤奋地书写笔记，他带出来的毛笔此时已用坏了四支。

下一站是苏门傍（印度尼西亚的马都拉岛）。这里四周的山峰尖如峭石，就好像一道天然的屏障，保护中间的平原。但是土地却比较贫瘠，居民们一般种麦子为食。气候常年温暖，风俗轻薄。男女都是披肩长发，上穿短衫，下着斯吉丹布。因为粮食主要依赖外国，所以商贩成为国家重要的行业人才。此地居民煮海水为盐，被酋长所统治。这里盛产翡翠鸟羽毛、苏木、黄蜡和槟榔。跟土著人做交易，汪大渊和伙伴们卖出的是白糖、巫仑布、油绢衣、花色绢布、石油、大小水罐等。石油并非产自本地，而是来自东埕，是通过熬晒制成的。

接着，船队来到了旧港（印度尼西亚苏门答腊岛的巨港）。顺着淡港慢慢行驶进彭家门，一路上便可以看到许多撑着竹筏的居民，以及河岸两旁林立的砖塔。

云一季种谷，三年生金，其言谷变而为金也。

在旧港，汪大渊听到一个有趣的传闻，说是这里土地十分肥沃，种下的谷子三年后就可以变成金子。于是印度洋以西许多国家的人们纷纷来到这里，取走一些土带回自己国家，想要在自家的田里也种出金子，结果当然可想而知。

这里的男女在酋长的统治下生活，人们梳着锥形的发髻，以白布裹身，他们煮海水为盐，酿椰子汁为酒。这里盛产黄熟香头香料、金颜香、黄蜡、粗降真、绝好的鹤头鸟和中等的沉速香等。此地的名物为木棉花，是各国之中最好的。船上的人售出的是门邦丸珠、四色烧珠、红宝石、处州瓷器、铜香炉、五色布、坛子、瓮之类的东西。

龙牙菩提（马来西亚的凌加卫岛）的四周皆被高山所环绕，港口周围排列着很多的石块。由于没有稻田，百姓只能种些薯类植物，把它们蒸熟作为食物。每到收获的季节，家家户户都把番薯大量储存，就好比我们中原人储备粮食一样，以备来年歉收时食用。居民们还开辟了果园种植果树，在海里采集蛤蜊、蚌、鱼虾等，这些东西的产量大于番薯。这里气候炎热，风俗质朴。男女都梳着锥形的发髻，披着棉花布单衣裹体。

当地人煮海水为盐，用葛根酿酒。出产有速香、槟榔和椰子。来这里交易，中国人售出的是红绿烧珠、金锭、铁香炉、青白土印布之类。

毗舍耶（菲律宾班乃岛东南岸的哑陈 Otan）僻居大海东面的一角，山地平旷，耕地较少，居民种植不多。这里气候炎热，男人女人都把发髻梳成一撮。他们头缠红绢，黄布裹身，用墨鱼汁文身直到头颈部，这是汪大渊看到的最奇怪的文身了。

这个国家没有酋长，也没有什么特产，民风崇尚抢劫。当地有人经常带着少量的干粮，乘着小船跑到别国去。他们埋伏在荒山野岭无人之地，要是有捕鱼砍柴者路过，他们便跳出将此人生擒，然后卖到外国去换钱，每个人大概值二两黄金，这种贩卖人口的勾当竟也成了一项职业。所以印度洋以东国家的人民听到毗舍耶人的臭名都要退避三舍。

班卒（印度尼西亚北部 Muaraputus）的地势连着龙牙门的后山，若续若断，山峰高低不一，错落盘结，居民环山而居。这里土地贫瘠，粮食收成一直不好。气候也时好时坏，夏天多雨略感微寒。民俗质朴，男女都披着短发，头缠锦缎，身系红布。百姓煮海水为盐，酿米为酒，酒的名称叫"明家西"。当地是酋长统治，出产上等的鹤头鸟、中等的降真香和木棉花。跟当地人做交易，船上的人拿的是丝布、铁条、土印布、铜、瓷器、铁香炉之类。

　　下一站是蒲奔（印度尼西亚加里曼丹岛东南Pembuang），此地为海道要冲。这里的山体由白石组成，耕地甚少，粮食依赖他国。气候乍热又微冷。民族性格呈现出果敢的特点。男人女人都皮肤黝黑，男人束发下垂，女人束发垂顶，身上都系着白缦布。居民煮海水为盐，捉来螃蟹加工后食用。当地人用木板造船，再用藤条捆绑固定成型，工匠们还在船的木板缝里塞进棉花以防漏水。据说这种方法很管用，船不容易损坏，挺耐用。行船时船工用木头做划桨，人们坐在这样的船上，感觉相当柔软舒适，人的身体可随着船体上下摇荡，好像坐摇篮床一样。当地由酋长统治，出产白藤、扶留藤和槟榔。在此地买卖，中国人售出了青瓷器、粗碗、海南布、铁丝、大小瓮罐等。

　　假里马打（印度尼西亚加里曼丹岛西南卡里马塔群岛）有整齐排列的山峰，仿佛一道翠绿的屏风，山脚下的河流潺潺流淌。此地土地不肥，粮食收成不好。男女都剃着光头，穿竹布制成的筒装，下身仍系围腰。百姓的风俗轻薄。

　　这里的人采集香蕉作为食物，煮海水取盐，然后跟别国换取粮食，一斤盐可以换一斗米。这里出产三番羊，其中体型高大的都可以当马来骑了，日行达五六十里，真是稀奇。另外还盛产玳珸。在这里做交易，船员们卖出了硫磺、珊瑚、阇婆布、青色烧珠、八都剌布之类的东西。

下一站是文古老（印度尼西亚的马鲁古群岛），此地有益溪通往水路要冲，河流狭窄。当地山林葱郁茂密，田地却很贫瘠。男女都梳着锥形的发髻，身裹花竹布为衣。家家户户室内都供奉着一尊象齿树，民风不太厚道。

此地由酋长统治，百姓们煮海水为盐，以沙糊作为食物。地产有丁香树，长得满山都是。不过丁香的生长比较缓慢，生长三年或两年才能成熟。这里的人每年都盼望中国的商船前来。据说当地的特产有一种五梅鸡，只要雏鸡一只落地，就会有一艘中国船到来；雏鸡第二只落地，就会有两艘中国船到来。这次的买卖，售出的是银、铁、水绫布、丝布、巫仑布、八节那间布、土印布、象齿、烧珠、青瓷器和坛子等。

船队向南航行，就到了古里地闷（帝汶岛）。此地在加罗的东北方向，盛产繁茂的檀树，别的树木几乎没有。这里是重要的海上交通枢纽，码头就有 12 个之多。田地适宜种植，但气候忽冷忽热，昼夜温差巨大。此地由酋长管理，男女都留着短发，上穿木棉短衫，下围占城布。

古里地闷集市里出售的酒肉价钱非常便宜，风俗也比较轻

薄，妇女更是相当开放，船员们可以在这里放纵声色。有的人睡觉不盖被子，导致染上疾病而亡；有的船员在外荒唐，回来时遇上风雨，发高热，体内产生了瘴气，必死无疑。

过去泉州的大户人家吴宅，拥有船员一百多人，也曾经驾驶旧船前来此地贸易，回去时却死了十之八九了，那些生还下来的少数人也变得羸弱无力。船员驾船回国时，白天风平浪静，但一到黄昏之际，海面上便狂风乱作，电闪雷鸣，如同鬼哭狼嚎一般。夜晚点上了烛火照明，光线大亮，人的七魂散了六魄，战栗而胆寒。唉！没有比这更可怕的了。就算此地能获利万倍，可是要拿生命去换，又有什么意思呢？柳宗元曾经说过，海上贸易之人常常是用生命去换取利益，在汪大渊看来，没有什么人比这样搏命的人更过分了。

门以单马锡番两山，相交若龙牙状，中有水道以间之。

这一回船队来到了龙牙门（新加坡附近海峡地带），单马锡的两座山峰就像两扇门对峙而立，形状如两颗龙牙，故而这里叫做龙牙门。两座山峰中有水道贯穿而过。汪大渊写到这里，不禁笑了起来。世间到底有没有叫做"龙"的动物呢？真是谁也说不清，龙的牙齿又是长得什么样，也是天晓得。大概到了龙牙门，就知道龙的牙齿长什么样了吧。

这里土地贫瘠，稻田很少。气候十分炎热，每到四五月份就淫雨绵绵。据说早年的酋长曾在地里挖出了玉冠。每年正月，酋长都会头戴美冠、身穿华服接受人民的祝贺，这个礼仪一直传到现在。这里的住民很多是咱们中国人，他们多梳着锥形的发髻，穿着短布衫，系着青布腰围。

此地的出产物有粗降真香和花斗锡，跟土著人贸易，船员们售出的是铜、青缎、花布、处州瓷器、铁香炉之类。这儿没有什么好的树木，向中国进贡的东西也拿不出奇珍异货。此地风俗崇尚劫掠，当地人运到泉州跟中国交易的东西，大多是抢来的。

接下来，船队要去印度洋的西面了。

返回时船队路过了吉利门。这儿海盗横行，船员必须架起箭棚，张开幕布，手持利器随时做好防范，以此来抵御强盗。强盗来时少说也有二三百艘，敌我往往要相持几天。如果一路顺风的话，或许侥幸不会碰到海盗。否则，结果就是人被伤，货被抢，死人只是顷刻之间的事。所幸汪大渊他们的船队并没有碰上凶悍的海盗，不然后果不堪设想，世上也就不会有这本《岛夷志略》了。

5. 昆仑洋上的风暴

昆仑（越南的崑仑 Condore 岛及其附近海域）在古代又叫军屯山。山体又高又方，盘亘几百里，挺立于大海之中，与占城的东竺、西竺鼎立相望。山下的水域就叫做昆仑洋。去印度洋西面诸国做生意的商船，必要经过此地。顺风的话，也要七昼夜才可穿过这片海域。谚语说："海上有七岛，岛中有昆仑，船行到此，罗盘和船舵都会迷失方向。"

古人想要远航，对天文地理的认识必不可少。我国在宋代已经对航海天文地理有了比较准确的理解，那时候出现的海图，对海域的划分和命名都更加精细科学，譬如把南洋分为七洲洋和昆仑洋。舟船在夜间也能够根据北斗星和北极星确定方向。有意思的是，古时的中国人把利用星体定位叫做"过洋牵星"。这样的技术手段可以帮助舟师，确定在大海中船舶所在的地理纬度，观测方向和方位。

除了船只，想要出海的话，指南针也是必不可少的工具。中国人在实践探索的过程中，发明了指南针，不仅为中国，也为世界航海事业做出了巨大的贡献。北宋末年，指南针作为导航仪器已经成为了航海的必备品。指南针又称罗盘，古人把罗盘的360度划分成24等分，每15度为"一向"，叫正针，两个正针之间的夹缝也是"一向"，叫缝针，因此罗盘上有48个方位。人们把航路又称为针路，把根据针路绘制出的航海图或者记录航路的书籍称做针经、针谱、针簿；负责导航的人则称作舟师或火长；放置罗盘的地方就叫针房。船员们通过指南针把握航行方向，确定航线，避免航行过程中迷失方向。

这一次，汪大渊的船队就不那么幸运了，他们恰巧在昆仑洋遇到了大风浪。在主船上，舟师先是靠目测发现，整个船队距离最近的海岸也有一天以上的距离。随后，舟师又来到针房，通过罗盘测出本船离北边的岸边相对较近，于是纲首下了命令，整个船队全速向北航行。可是此时，大风浪已经刮了两三个小时，船队早已被冲散，纲首的命令已经无法下达到每一艘商船。而相对较小的两艘船上，既没有舟师，也没有罗盘，只有三两个年纪较长、经验丰富的船员而已。可是这么大的风浪，把人都吹得摇摆不定，根本没办法站在甲板上，人都全部躲到底下的舱里去了，纲首叫船员用红色船旗打出的旗语他们自然也看不到了。

大约摸过了半个小时，风浪似乎小了一些，纲首让船员再上甲板继续向那两艘船打出旗语。可是船员却惊慌失措地下舱报

告，那两艘船已经不见了踪影。纲首和舟师及其他船员听到报告都纷纷来到甲板，人们慌乱地朝四面眺望，还是不见一丝踪影。人们的心不禁往下一沉，这两艘船上不仅有四五十名一起从泉州出发的船员，还有大约一半的粮食和干肉，失去这两艘船意味着什么，大伙心里都明白。更要命的是，不一会儿，风浪又大了起来，主船也摇晃得厉害。汪大渊从来没有碰上这么大的风浪，他早已吐得不省人事，瘫倒在狭小的舱里。谁也没有心思去关心这个年轻人，也没有人来问他，今天他又记了些啥。

好在还有三艘船在主船的视线之内，他们各自的纲首都看到了主船发出的信号，也在奋力向北航行。只是，此时的四艘船其实已经基本上丧失了自控能力，只能随波逐流了。霎时间，天就黑了下来，船员的命也就只好交付老天爷了。大家都已疲惫不堪，昏昏然躺倒在船舱里。也不知过了多少时间，有个年轻力壮的水手醒了过来，他勉强爬上甲板，朝四下里努力张望。此时风已经稍停，海面上死一样的寂静。只见不远处有两艘船还在海里漂着，那正是自己船队的船。

舟师醒过来以后又用罗盘再次定位，发现主船已经漂向了东北。于是，纲首作出了调整航向的决定。又经过一天多的搏命驾驶，一共有五艘船先后靠上了岸。汪大渊幸好是在主船上面，他在岸上修养了三天，身体才慢慢缓过来。第五天，他开始正常饮食，又四处去调查了，当晚，他又捏起毛笔记了起来：

这个地方虽然没有什么特产，人也不住在房子里。但是山窝里群居着男女数十人，穿得奇形怪状。白天的时候，他们靠果子和鱼虾充饥，夜晚就睡在树巢里面，这样像动物一样的生活方式，怎么会有人类的思想呢？若是有船舶因为遇到风浪而停泊在了这里，这群男女就会聚集起来看热闹，抚掌称快，傻笑玩耍良久之后才离去，并且怡然自乐。

写完了这一段，汪大渊不禁在心里打了个问号："他们难道不是先帝的子民吗？"

此后的航程没有遇上大的危险，船队又来到了灵山（越南最东端的华列拉岬）。此地的山也是方形，山下有泉水。居民居住得很分散，以织网为生。田野也很开阔，适宜耕种，一年可以收获两季。舟船来到这里，要斋戒三日，拜佛诵经、燃水灯、放彩，以避免本船碰上灾难。汪大渊入乡随俗，也依样画葫芦这般行事。这里的风俗、气候和男女装束都和占城相同。当地出产物有藤杖，可用一块花斗锡交换一条，次一点的一块锡可以交换三条。船舶来到此地，必须补充淡水和柴火，供应日用之需，也可以买些槟榔和老叶，别的就再也没有什么值得带走的东西了。船

员们在此地卖出的是粗碗、烧珠和铁条。

东西竺（新加坡东部奥尔岛）的石山高低嵯峨，山峰对峙。东西地势虽然相差悬殊，不过也好像是蓬莱和方丈在争奇斗艳。这里田地贫瘠，不适合耕种，年年都靠从淡净进口粮食。气候也阴晴不定，四五月份常淫雨连绵，时时还会有寒意乍起。这里的人风俗质朴，男女都留着短发，身着占城布衣。他们煮海水为盐，酿椰汁酒，听从酋长的统治。此地盛产槟榔、老叶，还有椰心草编织的席子和木棉花等物。当地人心灵手巧，他们会摘取椰树叶中最细嫩的部分，或素色或染色，织成席子出售给中国人。这种席子睡起来冬暖夏凉，值得人们把它当作珍品。与他们交易，中国船员用了花斗锡、胡椒、铁器、蔷薇香水之类的东西。

急水湾（苏门答腊岛东北端金刚石角一带）在巴绿屿的下游，水流湍急，航船经过此地常被困住。潮汐的规律无法预测，有时一个月都不能脱困。曾经有一艘要去中国的航船，被困在这水湾中20多天，失去了风帆，连罗盘也迷失了方向，船只最终在岸边搁浅。船上的人和货物都随着海浪飘荡了出去。只有三个人飘到了一块礁石上，他们饿了5天也没有看到其他船只路过，只好采集海螺和蛤蜊维持生命。正当他们命悬一线的时候，两根大木头漂浮到礁石旁，三人马上抱住浮木，随风飘荡到苏门答腊岛，有幸捡回了一条命。

接下来，船队又来到一个奇怪的地方：

> 其山逶迤，其地沮洳，田极肥美，足食有余。男女以墨汁刺于其面，故谓之花面，国名因之。

汪大渊又兴致勃勃地写道：花面（苏门答腊岛北部巴达克Batak人居留地）这地方山体崎岖蜿蜒，地表松软潮湿，田地肥美，每年的收成都绰绰有余。男人和女人都用墨汁在脸上刺上花纹，称作花面，这个国家也因此而得名。汪大渊曾经在国内的书籍中看到，中国西南地区的一些村落也有这样的习俗。当地的妇女会在面部文上一些花纹，数日之后，脸上就会呈现出淡淡的灰黑色花纹。看来，人类的某些审美标准是有共同性的，一些中国人和一些外国人都有文面的习俗。这里气候十分炎热，风俗却淳朴敦厚，人们都顺从酋长的领导。此地盛产牛、羊、鸡、鸭子、槟榔、甘蔗、老叶和木棉。中国商人来到这里进行贸易，出售了铁条、青布、粗碗、青色处州瓷等。

接下来便到了淡洋（苏门答腊岛东岸Tamiang河流域）。此

地港口通往官场大概有百余里的路程，淡洋是官场的外海。淡洋上游之水有两千里之长，奔流而下汇入大海。淡洋的水味道清淡，每当有船只经过此处，若是缺乏饮水，必然就会在这里采集淡水，所以这片水域被称作淡洋。过了这段水域航行到别处，就再也找不到不咸的海水了。这里周围的稻田如果用淡洋的水灌溉，粮食就更容易成熟。此地气候炎热，风俗淳朴。男女都梳着锥形的发髻，系着溜布，接受酋长的统治。此地的物产有降真香和高粱。这高粱跟一种叫做芦荟的谷物口味差不多，它的果实虽然颗粒小，但是做出来的饭十分香软。吃上这样的饭又有了回家的感觉，汪大渊不免思念起家乡，父亲母亲都还好吗？他们一定日日夜夜都在祷告着儿子早点返家。要是知道儿子差一点在昆仑洋丧命，他们不知道会急成什么样子，唉，还是不要让他们知道的好。

须文答剌（苏门答腊岛北部 Samudra）在海边，它被高山峻岭所环抱，土地十分贫瘠。居民裹布缦为衣，风俗轻佻。这个地方的酋长身材修长，一天之内肤色竟然会变化三次，有时青色，有时黑色，有时红色，就像变色龙一样。他每年都要杀掉 10 个人，然后用他们的血沐浴，因为他相信，只有这样做才能确保自己一年四季不会感染疾病。民众面对这样的暴君不免心中恐惧，但是又没有办法叫他不这样做，只能在心里暗暗祈祷，明年杀掉的不会是自己。这儿的男人和女人都梳着锥形的发髻，用红布把发髻绾住。

当地土特产有龙脑香、粗降真香和一种叫做"香味短"的香料，大概这种香料的香气只能维持较短的时间吧。此地出产的香料品种多，数量也多，可以算是一个香料的王国了。其他东西还有鹤头鸟和花斗锡。当地的一个奇观是一种茄子树，树高有一丈多，果实三四年都不枯萎。人们想要采摘树上的茄子，就必须架着梯子上去才够得着，有的大茄子竟有西瓜那么大，重达十多斤。汪大渊和伙伴们都出于好奇，品尝了用这种特大茄子烹制的菜肴，感觉味道确实很独特。但是这种茄子的种子不容易长途携带，否则，汪大渊真想带一些回到中国。船上的人在当地做买卖，出售的是西洋丝布、樟脑、蔷薇水、黄油伞、青布和五色缎。

6. 释迦牟尼的肉身舍利

下面这个国家是汪大渊心仪已久的，他早就从书中得知这个国家珍藏着佛祖的舍利，凡是虔诚的佛教徒一生都想去亲眼参拜一下这珍贵的宝贝。他虽然不是一个僧人，可是也抱着极大的

好奇去探访世界上所有的名物。没想到自己在这千难万险的旅途中竟会来到这个国度，他简直兴奋异常了。这个国家就是僧家剌（斯里兰卡）。

僧家剌被海洋环抱着，座座青山高低不一。有一座佛殿巍然屹立在一座山上，这便是释迦牟尼的肉身舍利所在之处。这里的人民崇敬佛祖，天天都小心翼翼地为他供奉。海岸边有一块长得像莲花台的石头，上面印着释迦牟尼的脚印。这脚印长两尺四寸，宽七寸，深五寸多。涨潮的时候海水漫入脚印，海水就变成了淡水，甘甜如蜜酒。生病的人喝了这水，病就痊愈了。老人喝了这水，则能延年益寿。

这里的土著人身长七尺左右，面部发紫，皮肤黝黑，眼睛如铜铃般大，手脚温润有力，如同佛祖的后人一般，大多都有百岁高寿。当初佛祖可怜这里的人因为贫穷而作了强盗，就用善行去教化他们，把甘露水洒在地上，这便是脚印的来历。

当地出产一种红色的石头。这里的人挖掘红石的时候，如果是左手碰到，红石就能拿来用作交易，如果是右手碰到，红石就要供奉于佛像之后。这样的方法可以保障贸易的货源，百姓们都得到了温饱，慢慢也就变成了善良之人。

佛祖像前有一个钵盂，既不是玉的，也不是铜的、铁的，它色紫而圆润，轻轻敲打会发出玻璃般的声音。中国大元朝初期，曾经三次派遣使者去迎取这个宝物钵盂。这也说明中国跟僧家刺之间建立了良好的国家关系，特别是在宗教方面，互相之间的交流相当活跃，人民之间也有良好的感情。当地待人接物均秉持佛教理念，我国使者则回之以儒家之礼。再看居民们的行为举止和敦厚的风俗，谁也不会怀疑他们虔诚的崇佛精神了。

　　说到世界上许多国家的人们对佛祖的崇敬，不妨让我们在这里也顺带说一下和汪大渊同时代的摩洛哥旅行家伊本·白图塔对伊斯兰圣地麦加的朝圣以及他的传奇游历。

　　伊本·白图塔全名穆罕默德·伊本·阿布杜拉·伊本·白图塔，号称阿布·阿布杜拉，又称舍木逊丁。他是马格里布阿拉伯人，柏柏尔人的后裔。马格里布是阿拉伯人对埃及以西的北非地区的称谓，是西方的意思，指位于地中海和撒哈拉"旱海"之间的一片狭长大陆，包括利比亚、突尼斯、阿尔及利亚和摩洛哥。伊本·白图塔的出生地现在属于摩洛哥。

　　在伊本·白图塔生活的年代，马格里布在政治制度、生活方式、风俗习惯等方面，都已经阿拉伯化了，所以伊本·白图塔本人既是阿拉伯人，也是摩洛哥人。他从小生活在富裕安逸的环境中，受到良好的教育。由于从小就沐浴在伊斯兰教的文化氛围

中，白图塔早就下定决心，有朝一日一定要出游朝觐。与汪大渊不同，伊本·白图塔大部分的旅行时间消耗在了陆地上。同样是20岁，伊本·白图塔开始了他人生中的旅行。他的目的是为了完成幼年时的梦想，到圣城麦加去朝圣。

但是当他同一支商队一起顺利到达麦加，完成了朝圣的使命后，他却迷上了旅行。沿途所经历的各种地方和遇到的各种奇遇，都深深地打动了这个年轻人。他还想到往更多的国家和地区，接触更多的民族和人民。于是他决定不回家，而是将跨国旅行进行到底，他这一走不要紧，一走就走过75 000英里，经过了44个国家。

他首先到达了伊尔汗国，在巴格达遇到了伊尔汗国的大汗不赛因，同他一起去了伊尔汗国的首都大不里士。当时蒙古正在入侵大不里士，大不里士果断开城投降才幸免于兵灾。因为这个城市的地理位置十分优越，位于丝绸之路上，所以大不里士逐渐成为当时西亚的商贸中心。

伊本·白图塔拜访了大不里士之后，回到麦加又做了第二次朝圣，然后马上开始又一次的愉快历程。这一次他沿着红海一路南下，借着季风顺利到达了非洲沿岸的不少国家。最后又随着转为南风的季风，返回到了牙锭。之后他又拜访了阿曼，经过霍尔木兹海峡后，回到了麦加，准备着下一次的旅程。

在游历了伊尔汗国、东非、金帐汗国后，伊本·白图塔到达了德里苏丹国。当时的德里苏丹国刚刚经历了一场叛乱，苏丹穆罕默德·图个拉克德急于招揽人才巩固自己的统治。伊本·白图塔有幸得到了赏识，就被任命为法官。但是由于穆罕默德·图个拉克这个人喜怒无常，伊本·白图塔经常遭到猜忌。就在他实在无法忍受这样的生活，决定放弃法官职位的时候，德里苏丹国刚好要派人出使中国。伊本·白图塔便立刻抓住这个机会，自告奋勇前往中国。于是他便顺理成章地离开德里苏丹国，又开始了自己新的旅程。

然而，到达亚洲后，伊本·白图塔惊心动魄的旅程才刚刚开始。他从德里苏丹国出发来到印度的时候，当时印度教的教徒正在试图推翻穆斯林的统治。伊本·白图塔一行才刚刚踏上印度的土地，就遭到了当地印度教教徒的袭击，几乎丧命，他仓皇逃窜几经坎坷才逃出了印度。后来印度教教徒推翻了穆斯林的统治，伊本·白图塔就再也不敢回到德里苏丹国，只得流落到马尔代夫。

在马尔代夫他停留了9个月，这个阶段的遭遇令人哭笑不得。由于他才识过人，国王非常赏识他，不仅任命他为当地的大法官，甚至还让他娶了国王的女儿。可是伊本·白图塔并不想停

留在马尔代夫，于是他在被任命大法官的期间故意玩忽职守，错判案子，终于惹怒了国王，被赶出了马尔代夫。

好不容易离开了马尔代夫，他的船又遇上了海上风暴，被海盗洗劫。落魄不堪的伊本·白图塔只得无奈又回到了马尔代夫。而就在这个时候，他遇上了一个"活雷锋"——一艘来自中国的船只。他乘上了这艘船，终于放下心来，顺利地驶过马六甲海峡。由于受到中国船只的保护，伊本·白图塔就再也没有遇到海盗。1346 年，他顺利到达了泉州。

这就是伊本·白图塔到达泉州之前的经历，不可谓不惊心动魄，九死一生。而当他到了东方巨港泉州后，也如年少时第一次来到这里的汪大渊一样，不由得发出了赞叹。眼前繁华的都市，路上行人的摩肩接踵、车水马龙，商品堆积如山、琳琅满目，各种奇珍异宝数不胜数，这一切的一切都让伊本·白图塔为之振奋。他走了那么多个国家，至今还没见到一个地方能比得上泉州的。他看到这里发达的手工制造业，看到了这里先进的科学技术，看到这里制造的商船，每一艘都令他叹为观止。想想自己旅行时所乘坐的那些船只，跟这里的船比起来，实在是小巫见大巫。后来，他还托泉州地方官的福，坐上了一艘"华丽的大官船"去了京都，好好地体验了一回官船的级别。

伊本·白图塔看到，中国泉州制造的瓷器被大批量地运往印度诸国，远销他乡，在全世界都受到热烈的欢迎。他突然想起来，当时自己还在印度的时候，曾经也看到过元朝的使臣，送给印度苏丹的礼聘是五百匹锦缎，而其中的一百匹就是刺桐缎。此时的伊本·白图塔激动之心无以言表，但是如今身处异国他乡，却只能够一个人孤独地体味这份心情，无人诉说。于是回国后，他便着手将亲身见闻整理撰写成了《伊本·白图塔游记》，他要把自己的见闻宣示到世界，其中包括在中国泉州的所见所闻。

伊本·白图塔凭借着惊人的毅力，用自己的双脚走遍大半个世界，与沿途经过的不同国家的人民友好相处，谱写了一曲人类旅行史上的不朽赞歌。他挥笔著书，传播文明，给世界留下珍贵的游记。伊本·白图塔更是对中国、对泉州进行了精心描绘和盛情赞扬，把这个古老而伟大的东方之国展现在世人面前。

伊本·白图塔也成了一位受到世界尊敬的伟大旅行家，阿联酋迪拜有闻名遐迩的 Ibn Battuta Mall（又称六国城），就是一个以伊本·白图塔名字命名的文化主题商场。因为这位旅行家到过中国等六个国家，所以整个商场就按照这六个国家的文化特点设计成了六个部分。中国商品馆的外面是小桥流水式的中餐馆，里面有郑和的塑像和一艘大木船，大厅里雕梁画栋，尽显中国风格和

迪拜六国城里的航海仪器模型（黄建华摄于2009年1月8日）

中国气派。其他每个馆也都有风格鲜明的当地艺术品的展示，一些显眼的地方还设置了航海及旅行知识的介绍，包括这位旅行家当年的旅行线路地图。这样逛商场还带上了增长知识、了解文化的高雅意味。不过整个商场的商品倒并非限于这六个国家，而是根据品牌设置，一个品牌一个商铺，也是百货商场的格局。可见阿拉伯人是多么尊重旅行家，又是多么会做生意。

再说汪大渊和船队驶到了勾栏山（印度尼西亚的格兰岛），眼见此地山高林密，土地贫瘠，而且天气十分炎热，收成不多。元朝建立之初，朝廷曾派一支军队去攻打阇婆国，结果在此地山脚下遭遇到了大风，战船几乎全部损失，只有一艘幸免于难，但也只剩下骨架和铁钉了。士兵们看到山上树木甚多，于是就地取材，造了十多艘船，然后就在山脚下住了下来。不过有百来个人生了病，只能留在山中。此后，元朝人就和当地人混杂居住。这儿的土著人都梳着锥形的发髻，上穿短布衫，下穿巫仑布衣。

此地多熊、豹、鹿皮和玳瑁。汪大渊和船员们跟他们交易的东西，大抵有谷米、五色绢、青布、铜器和青瓷器。

离开祖国已经一年多了，船队越走越远，这天，他们来到了特番里（印度南部的特拉凡哥尔）。此国在陆地西南角，别名小食。小食国的官府深藏在腹地，前有石崖当关防卫，后有石洞环

伊本·白图塔旅行路线图（黄建华2009年1月8日摄于迪拜六国城）

抱，人民都居住在洞中。民众在临河之处翻土耕种，河水下流注入大海。官员在海口建造了闸门，雨水丰沛时关闸蓄水，等到干旱时才开闸放水。春季一般都会开闸放水灌溉农田，因此人民再也没有水旱之忧，能够享受五谷丰登的喜悦，故而此地也被称为乐土。这里气候适宜，民风淳朴，男女都梳着锥形的发髻，身着青布衣。

当地人煮海水为盐，把加蒙树花的汁液采集起来酿成美酒。这儿有肥硕的绵羊，高达四尺，羊羔肉是人们喜欢的食物。这里的菠萝也长得硕大如斗，甜瓜直径竟有三四尺，可真让汪大渊和伙伴们大开眼界。特产方面还有上等黄蜡。在这儿，船员们卖出了麻逸布、五色绸缎、锦缎、铜香炉和红绸布。

商船继续向西南航行，不久到了班达里（印度西南岸潘达莱英尼），此地与鬼屈、波思国相邻。这里山石耸立，土地贫瘠，不适合耕种。气候微热，时有淫雨绵绵。这儿有个诡异怪诞的传说，说是每到夜里，就听到屋外有鬼哭啼，哭声很像人声，一直要持续到五更方才停止。第二天，酋长就派人骑马敲锣地驱鬼，鬼却早已没了踪影。到底有没有鬼，应该是很清楚的事了，但是当地人却深信不疑，驱鬼的活动也就长盛不衰。在酋长的命令下，工匠在磐石上面建造了一座庙宇用来祭祀，他们认为要是不祭祀，人和牲畜都会染上恶疾，国家也必有灾难。

此地男女都梳丫形的发髻，身系昆仑布。他们同样也是煮海水为盐，但却不懂得纺织和针线之事。此地盛产绿松石、红宝石、兜罗绵、木棉花和青蒙石，中国商人出售的是彩缎、青白瓷、铁器和五色烧珠。

离开这里就向西航行，来到曼陀郎（印度西部卡奇地区的蒙德拉），此国的西北方与播宁国接壤。这里土地较为贫瘠，只适合种植小麦。这儿的酋长身材修长，七尺有余，相貌堂堂。曼

陀郎与播宁两国军事力量势均力敌，互不干扰，世世代代结亲交好，颇像我中国朱陈村之两姓结亲世代相好的风俗。

此地天气炎热，男人和女人都挽着头发，并用白布包裹。他们喜欢穿着黑布制成的衣服，擅长用木槿树的花酿酒。这里盛产犀牛角和木棉。有一种叫做"摘四斗"的花，重有一斤。这里出产的西瓜也重达五十多斤，石榴如斗大。汪大渊一路航行，经过许多南方的国家和地区，深深了解了气候跟植物生长之间的关系，特别是果物，在这种地方普遍都长势良好，果大无比，美味异常。汪大渊觉得自己差不多也成了一个美食家。跟土著人贸易，中国人拿出的是丁香、豆蔻、生姜、麦子、五色布、青瓷、花斗锡和酒。

一个月后，船队在喃巫哩（苏门答腊岛北部班达亚齐一带）靠了岸。此地处于印度洋东部要冲，每当巨大的波浪扑打在海岸上，就仿佛山摇地动，连日月也发抖起来。此时从船上望去的话，陆地已经全部消失在海洋中，不见了踪影。汪大渊他们的船队就在喃巫哩的外海徘徊了四天，等风浪小了以后，能够看清海岸线了才驶过去靠岸。这里土地贫瘠，收获不多。居民环山而居，民风喜欢抢掠，但人们不以为耻，反而觉得日子过得蛮滋润。这儿气候温暖，但还比不上单马锡那么厉害，男女都梳着锥形的发髻，不穿上衣，只裹下身。

当地出产鹤头鸟、龟壳、玳瑁等，其中降真香的品质为各国中最好的。在当地买卖，船员们出售的是金、银、铁器、蔷薇水、红丝布、樟脑和青花瓷碗。

汪大渊第一次远洋旅行，历经了不知多少磨难，返回中国时又被风浪带到这里。虽然所幸在大风大浪中大伙儿没有遇上怪鱼和巨鲸，葬身鱼腹，但这一次到了喃巫哩却误入虎口遭到抢掠，还是未能逃过一劫。不少伙伴身上的金银被抢劫一空，好在大家是分散行动，整体上并没有太大损失。

海上生活有的时候真是身不由己，人算不如天算，下一站到哪里，纲首也无法决定。这一下船队就到了北溜（马尔代夫群岛一带）。此国由千万个小岛组合而成，海拔较低，似乎是汪大渊见过的地势最低的一个国家，真担心某一天此国会被海水吞没。

汪大渊当年对北溜地势的描写相当准确。时至今日，气候变暖的后果威胁到了马尔代夫国土的安全，人们确实担心脚下的土地有一天会被大海淹没。为了呼吁人类保护环境，防止气候恶化，马尔代夫甚至把环保方面的会议安排在海水下举行，出席会议的官员必须身穿潜水服下降到会议场所，真不愧是奇观啊！

汪大渊写道：当船只开往印度洋西部，路过僧伽剌国的时

候，海流往往会突然变得湍急起来。假如再遇上逆风的话，船舶便会随波逐流地漂到这个国家。一直要等到第二年夏天，海上刮起东南信风的时候，才能够离开北溜，由此北上。这里的水中还长着锋利如刀的石头，会把船底划破，纲首要是经验不够，那就会是船毁人亡的结局了。

此地出产物有椰子索、贝壳、鱼干、大手巾布等东西。当地人把贝壳当货币使用，在此地已经有悠久历史了。善于航海的商人如果载着一船贝壳卖到乌爹、朋加刺等地，常常能够换回一船多的稻米。

船队随后去了下里（印度西南部马拉巴尔海附近）。这个地方在小具喃和古里佛之间，又叫小港口。这里山野空旷，土地平坦，方圆有数千里之大。当地人口较多，人民居住分散，好像星罗棋布一般。当地气候炎热，田地不太富庶，但农人们耕种很辛苦。这里风气相当淳朴，民众都崇尚气节，出门常常背着弓箭。男人和女人都不留发，身上穿着溜布的衣裳。

当地盛产胡椒，品质列各国之最，数量多得不可计数。满山遍野都是胡椒树，就像是藤萝一样迅速蔓延，冬天开花，夏天结果。采集下来的胡椒要先用水蒸，再放在太阳底下暴晒，直到晒干。胡椒味道很辛辣，采摘之人往往受不住那强烈的辛辣味。如果有人被这种胡椒刺激过度，就要用川穹这种植物煎汤来喝，可以解味。倘若你在他国见到了这样的胡椒，那必定是从这里输送过去的。

不知不觉中，船队到了高郎步（斯里兰卡科伦坡）。此地坐落在大佛山的山脚下，四周被海湾环绕，海里尽是海绵状的石头。这里气候温暖，土地湿度高，不太适宜耕种，粮食的价格偏贵。当地风俗较为鄙陋，倘若有船只被风浪逼到这里，当地酋长便以为是天上掉下馅饼了，船只上所有的货物都会被酋长攫为己有。写到这里的时候，汪大渊的心头愤愤不平，很不是滋味，他不禁在笔端发出了感慨：当他不劳而获占有他人物品的时候，他又何曾想过那些异国的船员和他们的妻子、孩子会怎样在饥寒交迫之中望眼欲穿地等待着丈夫和父亲回来呢？

这儿的男女头发都束撮髻，腰系八郎那间布。他们平时煮海水为盐，酿甘蔗为酒。此地跟僧家刺相同，都出产红宝石。跟他们做交易，中国商人卖出了金、银、花斗锡、酒、苏木、蔷薇水和八丹布。

沙里八丹（印度东南岸 Solipatam）这个国家位于古里佛山的后面，气候温暖，土地少而肥沃。这里的风俗质朴美好，男女都用布条缠头，沿海边居住，海边建有交易珠宝的码头。这个国家

的法律比较特别，假如有人借债不还，债权人会在地上用石灰划一个圈。欠债人如果不能当天偿还，或是未能给予充分可靠的担保，他就不得走出这个圈。要是欠债人胆敢走出圈子，则视为犯法，会被处以死刑。

此地盛产八丹布，又有重要的珍珠交易场所。珍珠来自第三港，为当地所产，官府抽取税收以后，第三港的商人再用小船把珍珠运到此地售卖。有钱人只需用低廉的价格就可拿金银来换取珍珠。装运珍珠的船一到此地，商人就寻求中国的买主，获利匪浅。汪大渊这才知道，珍珠是很受中国人喜爱的东西。

7. 老鹤里的传说

下一站是金塔（南印度科罗曼德尔海岸马哈巴利普兰附近Tirukalikunram）。此地为何叫金塔呢？

> 古崖之下，圣井傍有塔十丈有余。……上有鹤巢，宽七尺余，有朱顶雌雄二鹤长存不去，每岁巢于其上。

原来，据说在古崖脚下的圣井旁边有一座金塔高十多丈，塔顶原本镀着金，后来塔顶逐渐颓废，石头也渐渐损坏了，只能看到青青的苔藓覆盖在上面。塔顶上有一个鹤巢，宽七尺多，有一雌一雄两只朱顶鹤生活在里面，每年都要筑新巢。听当地酋长的子孙说，这个鹤巢的存在已有一千多年了。每年春天，这对朱顶鹤都会养育一两只小鹤，小鹤羽翼丰满长大后就飞出去了，只有老鹤年年守在这里，从不离开。于是这地方就被本国人写成"老鹤里"。不管是叫金塔，还是叫老鹤里，都有一定的道理，不过，老鹤里这个名字更加温暖，充满亲情。

这里土地贫瘠，气候紊乱，民众贫穷，但是民风朴素。男人和女人都梳着锥形的发髻，头缠白布，身穿着溜布。此地人民煮海水为盐，妇女们大多善于耕田纺织，居民中长寿者有高龄达到一百多岁的。此地盛产大布手巾和木棉。在当地做买卖，中国人拿出的是铁香炉和五色布。

离开金塔，船队遇上了向西的阆间风，来到了东洋西岸的东淡邈（印度南部）。此地离皋捷有一段距离，离希苓约有几天的路程。这里山地贫瘠，人们散居其中。山下的耕地较为肥沃，稻产收成也不错，百姓粮食富足。这里气候炎热，人们都很依赖耕牛，每到二月，就舂米做饼犒劳耕牛，作为对它们辛勤劳作的报答。男女土著都梳着锥形的发髻，身着八丹布。

　　居民们在酋长的统领下生活，他们煮海水为盐，酿椰汁为酒。此地也盛产胡椒，只是稍逊于阇婆国的，另外还有玳瑁、木棉和大槟榔。跟他们买卖，船上的人们出售了银、五色布、铜香炉、铁器和烧珠之类的东西。

　　数日之后，船队驶往大八丹（印度西南岸坎纳诺尔附近）。此国在印度洋西部阿拉伯海附近，与雀婆岭相隔数百里。这里土地平坦肥沃，时有好雨滋润。最近，田中生长出来的禾苗，竟然长到一丈多高，禾茎粗壮结实，每株禾能结130多粒谷子，每粒谷子长达半寸，国人都相传此为禾中之王。后来有人把禾下的土挖掘出来，移栽到酋长家，一年之后这些禾苗依然长势良好，并没有枯萎。成熟之后的果实自行坠落，色泽如黄金。人们用槟榔灰跟谷子拌在一起，谷子就不会生虫。时至今日，这些谷粒还在，仍时不时地被人拿出来晒晒太阳，国人把它们视为宝贝。

　　这里气候炎热，民风淳朴。男女都留短发，穿着南溜布的衣服，煮海水为盐。此地出产棉布和婆罗蜜。汪大渊的伙伴们在这里卖出了南丝、铁条、紫粉、木梳和白糖。

　　就在大伙儿聚精会神看货品、谈货价的时候，眼尖的汪大渊发现不远处的一家饭铺里有一张熟悉的中国人的脸。他赶紧走了过去，一打听，原来这家饭铺的老板果然是中国人。但是由于离开祖国已有很多年，在这异国他乡又没法说中国话，如今这老板的中国话说得已不太地道了。汪大渊叫了两个菜，坐下来跟老板聊了起来。老板见了久违的祖国客人，话匣子就收不住了，他给汪大渊讲了一个跟自己有关的故事。

他说自己也记不清是多久以前的事了，那天，当地的几个水手把一个年轻的中国人抬到他的饭铺。这个中国人是水手们在近海处的海面上发现的，他们救下了他，把他弄到船上。但是由于语言不通，年轻人又很虚弱，上了岸，水手们只好把这个年轻人交给他这个中国老板。经过老板好几天的照顾，这个名叫小章子的年轻人恢复了身体，就把自己在海上遭难的经过向老板全盘托出了。

原来几天前，他所乘坐的商船遇到了强大的海上风暴，帆船剧烈地颠簸了一阵之后，就是一阵吱吱嘎嘎的怪响，船板散了开来，水手们瞬时就被抛到海上。出事的地方大概是印度洋东西洋交界的地方。

出身于南昌的小章子是第一次出远洋，他早已吓得魂飞魄散，脑海中一片空白，只是无奈地紧闭着双眼，等待天国的召唤。不知过了多少时间，他睁开了眼睛，发现风暴已减小了许

多，自己的衣服被一块漂散的船板缠着，身体正漂在海面上。他张望四周，隐约可以看见附近有三个人，有一个人正在拼命爬向一块岛礁。小章子也想爬过去，可是身体却沉得要命，喊又喊不响，别人就算听见也未必能救自己，小章子绝望地又一次闭上眼睛。不多一会儿，小章子似乎觉得触碰到什么硬的东西，张眼一看不禁喜上心头，原来海浪竟把自己冲上了岛礁。

他赶紧摸到一处较高的地方坐下，仔细检查了自己的身体，发现除了一些轻微的皮外伤别无大恙，他感到了一丝庆幸。遥望海上，除了一些散落的船上物件，没有发现一个人，他害怕极了。怎么自救，怎么游到海岸？这一切，出海前纲首、舟师和师兄们并没有仔细教过自己。如果他们说起过这些，小章子万万不会出来冒这个险，家里已经给他定了一门亲事，姑娘是吉安一个茶农的女儿，听说相貌不错。小章子只等这次做买卖回来就拜堂成亲，没想到这么倒霉，第一次出海就出了事。船散了，师兄们也都失踪了，自己的性命掌握在老天爷的手里，小章子欲哭无泪，他瘫软地倒在岩石上。

过了一会，从岩石后面传来缓慢的脚步声，这声音越来越近，竟然是一瘸一拐的吉州人福堂。原来在帆船解体的一刹那，福堂和水手老三抱在一起，后来被海水推上岛礁，他们在礁上碰到了拼命爬上来的福州人阿桂。现在四个人当中情况最不妙的就是阿桂，他受了严重的撞伤，流了很多血，衣服上满是血迹。福堂和老三相帮着把阿桂弄到一个岩洞里，对他做了简单包扎，让他躺下休息，除了这些，三个人也无计可施了。福堂的身体倒没发现大的外伤，但是一定有内伤，他的胸口一直在痛，一会儿轻微一会儿厉害，但他却忍着不说。他知道四个人中自己年龄最大，自己的状况对其他三个人的心理影响很大。他凭自己的经验说，不超过两天，这个海域一定会有船只路过，他们四个人就能得救。

但是情况很快就变坏了，天还没黑，阿桂就咽了气。上半夜，福堂又发起了高烧，小章子和老三束手无策，只能陪伴在福堂身边，不断安慰着他。自从帆船散了体，他们除了呛过几口苦咸的海水外水米未进，肚子早已饿得咕咕叫，再加上快速下降的温度，三个人都面临着生存的危机。这时候，福堂说了他一生中最后的几句话。他叫小章子取下自己一直系在裤腰上的一只细长的吉州窑瓷瓶。瓶里还剩半瓶淡水，福堂叫小章子赶紧兑上一些海水进去，但是千万不要装满。小章子按照福堂的吩咐，把加了海水的瓷瓶递给了福堂。福堂慢慢地喝了两口，又叫小章子和老三也喝两口，然后把瓷瓶交给了小章子，要他也系在裤腰上。捂

到凌晨时分，福堂也过世了。小章子和老三都扑到福堂身上不停叫唤他的名字，福堂紧闭双眼，脸色很安稳的样子。

又冷又饿的小章子和老三不得不紧紧抱在一起互相取暖等待日出。就在一轮红日一下子跳上海面的那一刻，海面上传来声响，小章子不由自主抬起头，原来是一艘大帆船。老三激动得手脚无措，定了一下神，赶紧脱下了身上的紫红色外衣，那是出海之前他的婆姨刚刚缝好的。他手里举着外衣，站到最高的一块岩石上，对着帆船拼命地挥舞。帆船越来越近了，小章子甚至已经看到了甲板上的两三人，只是看不出是不是中国船。但是，帆船一点也没有理会他们，不一会就向远方驶去，越来越远了。

小章子和老三只能失望地跌坐在岩石上，久久都没有动弹。接下来，两人只好相依为命，与大海抗争。他们收集雨水、钓海鱼、吃海鸟、喝鸟血，甚至喝自己的尿水。第18天，老三在抓一条大鱼的时候被鱼咬断手掌，高烧不退，两天后咽了气。不知道又过了几天，奄奄一息的小章子终于幸运地被过路船救起。

老板继续说道，小章子上岸以后，就被人送到自己的饭铺。他留了下来，一边给饭铺帮工，一边等待中国船来到这里，好搭船回国。老板也告诉小章子，自己是番禺人，是个孤儿，被一艘商船上的老水手收留，上了船学做水手。后来自己在船上患了重

病，商船在经过这里时特地靠岸。纲首给了他一些银子，叫他上岸后想办法治病。他治好病后结识了一个当地姑娘，成了家，开了一个小饭铺，就不想回国了。

小章子留在这里等了一年多，也没有等到一艘中国船，小章子的身体却不知生了什么病，老是觉得浑身无力，活儿也干不动了。小章子听了老板的劝告，花了几天的时间把自己这艘商船解体的经过，阿桂、福堂、老三的去世，和自己被救的情况等等，都仔细写在一方白色细绢布上面，然后把细绢布小心卷成一个卷儿，塞进福堂临终前交给他的那只吉州窑瓷瓶里，再用上等好蜡封好瓶口。在一个风和日丽的拂晓，小章子郑重地把这个瓷瓶放入海中，让它随波漂流。他相信，这只瓷瓶一定会让中国人捡起，然后带到他的家乡南昌，交给他的家人。

汪大渊听了老板讲的这个故事后唏嘘不已，他不知道这个小章子是否就是自己的船队那次遇到大风暴后失踪船上的人。要是谁能捡到他放的漂流瓷瓶，就可以确定他的身份，再向他的家人报个信了。可是现在仅仅知道小章子是南昌人，自己很难帮上什么忙。这时候的汪大渊更加了解了航海的危险性。不过他也清楚地知道，自己没有退路，心中的恐惧只能用更大的勇气去战胜。

差不多又航行了一个多月，船队来到了一个很新奇的国

度——加里那（伊朗的法尔斯海岸）。这个国家靠近具山港口，山地甚多，土地贫瘠，每年收获的粮食不多。王国里有个亚波村，村里有个深邃的石洞。洞里有白色的种牛，每年春天都繁育小牛，有雌有雄。酋长饲养这些白牛，把它们取名为官牛，让他们自由繁衍。后来酋长觉得白牛数量过多，就卖了一些到国外，换取了黄金十两。谁知道，从此以后，白牛就不再生育。白牛果真是通人性、有灵性的牲畜啊！

这儿气候稍感温热，民风淳朴。男女不留发，身穿长衫。居民取咸井水煮盐，并酿椰枣汁为酒。此地盛产绵羊，有重达两百多斤的。每到春天，居民们便割去绵羊的尾巴，然后用当地的药水擦拭伤口，第二年，绵羊的尾巴又会神奇地生长出来。贸易方面，汪大渊的伙伴们售出了青白花碗、细绢布、铁条、苏木、水银之类的货物。

而后，汪大渊来到了土塔（印度东南岸纳加帕塔姆地区）。此地地处八丹平原，由木石的城墙所环绕。汪大渊到底年轻眼尖，他一进城门，远远地就望见一座中国式的土砖塔，高数丈。大渊一声呼喊："快看，快看，中国塔。"大伙朝着大渊手指的方向看去，果然远处耸立着一座中国式的砖塔。离开祖国两年多了，谁的心中没有一股思乡的情绪积蓄着呢？大家似乎忘掉了一切，都一个劲儿朝着塔的方向奔去。到了塔下，大家纷纷散开，绕着塔基转了好几圈。有的人一边转一边抚摸着塔身。舟师突然大喊一声："大渊快过来，这儿有字。"汪大渊是商船队中最有文化的人，舟师看到汉字，自然首先想到汪大渊。大渊正在思索此塔建于何时，听到叫声连忙转到塔的北面。大家一看，塔身上确实刻有一行汉字，写的是："咸淳三年八月毕工"。

大渊掐起手指算了一下说，"咸淳应该是南宋度宗皇帝赵禥的年号，咸淳三年大概离现今有 65 年了。一定是当年有中国人来到这里，建了塔，在石头上刻了这几个字。"舟师说：

"这塔的年代还不算久，难怪字迹还清晰可见呢。就是不知道中国人为何在这老远的地方造塔，造了几年才把这塔造成。"

纲首先前一直没有说话，他在细细端详塔身，想要知道塔有几层。中国有很多佛塔外面看上去的层数要比实际的层数多。比如有些宝塔就是假七层，实际只有四层。听到这会儿，他发话了：

"我看一定是中国的船被风浪阻在这里，走不了了。或许船已被打烂，或许船漂走了。中国人无奈才留在这儿。日子久了自然想家，但是又找不到回家的机会，只能造起一座中国塔安慰一颗中国心啊！"

　　船员们听了连声说"是，是啊"。有的人还掉下了眼泪。因为多数人心里都明白，出远海做生意无异于赌博，赌赢了大赚一笔，今生无忧。赌输了，就把一条命给搭上了，谁知道自己的明天会是怎样呢？

　　这一天的时间差不多都消耗在这座塔上了，第二天，伙伴们才陆续来到集市。几天后，商船要离开此地了，汪大渊照例在自己的住处，就着豆油灯写下了笔记：这里土地贫瘠，农田稀少。一年之中有半年都气候炎热，只有秋冬季节较为寒凉。百姓们在酋长的领导下生活，他们大多善良，信奉佛教，经常以金银器皿拜祭佛像。他们留短发，皮肤黝黑，身穿白布的衣服。黝黑的皮肤穿上白色的衣服，在色彩上蛮不错的。当地盛产绵布、花布大手巾和槟榔。我们在这里交易的货物有糖霜、五色绢、青缎和苏木之类。

　　下一站就是第三港（印度东南端的奔颜加一），此地古称马渊，如今又被称作新港。南北两边都有港口，百姓造屋居住。这里的气候、田地、风俗、男女都跟八丹相同。从此地前往马纳尔湾大概有 80 里远，海湾内的蚌珠产量为世界之最。

　　汪大渊通过采访得知，在采珠的季节，酋长要杀一个人和十数头牲畜来祭奠海神。采蚌的船上一般有 5 个人，两个人负责划桨，两个人负责牵绳，另一个人就负责采蚌。采蚌者把细口的竹笼悬挂在头颈，身上绑着绳子由船上的两人拉着。为了使自己能顺利沉入海里，采蚌者还要把石头绑在腰间以增加分量。下到海底以后，采蚌者就把珠蚌放到竹笼里面，等差不多装满了，他就拉扯绳子。船上的人接到这个讯号就收拢绳子，把采蚌者拉上船来，把珠蚌倒入船中。

满载而归时，官场周围都有士兵守卫。过了几天，等到蚌肉腐烂，人们便去掉蚌壳，用水清洗腐肉，直到露出珍珠。珍珠取出后，还要经过一番筛选，分出大珠和小珠。采珠人获得的珍珠，一半要作为税收交给国家，剩下的一半才被采珠人平均分配。当地人迷信，认为如果在采蚌之前没有祭奠海神，潜入水底的采蚌者多半就会葬身鱼腹。唉，珍珠虽美，可得来不易啊！珍珠交易，都用黄金。采蚌船员如果有幸采获得很多，就可以很快致富，快乐地生活。

这一回，汪大渊他们来到了华罗（印度西南部佛腊伐耳）。这里有好看的景致，椰树都种植在国境边缘，就像是一道天然的国门。土地坚硬不肥沃，只适宜种植一种作物。气候常年炎热，秋冬季节草木生长得更为茂盛。居民们都垒青石为屋，可是却有一个奇怪的风俗。当地每建造四座石头亭子，必定要在某一个亭

子里雕塑泥牛，或在石头上刻牛像，朝朝暮暮念诵经文，把牛当作神佛一样地敬仰。当地人都用鲜花蜡烛之类供养这些牛像。凡设祭亭的地方，地上和墙壁上都要被牛粪跟泥土混合起来的一种涂料涂在上面，这样看起来反而更感到干净。邻里之间，假如不是同一种姓的，就不会同时进入里面。此地还有一个习俗，是用檀香混着牛粪抹在额头上。汪大渊想象不出这会是怎样一种味道，但是人家这么做自然有他们的道理，作为外国人应该尊重对方。他心里想，这应该是一个敬牛，而且规矩不少的民族。这里的人肤色黝黑，没有酋长，而是由年长者管理，所操方言杂多。人们用白细布缠头，身着长衫，跟南毗人大同小异。

8. 发现澳洲

过了好些日子，汪大渊的船队登上一个完全陌生的岛屿，一行人都有点紧张，他们个个步履缓慢而又谨慎。听别的船队的人们说，这个地方叫麻那里（澳大利亚达尔文港）。汪大渊的船队在此地逗留了好几日，看到不少未曾见过的景象。但是由于语言不通，很难找到能当翻译的人，因此，汪大渊看得很多，问到的却极少，记下来的也就有限了。晚上，汪大渊记下这几句话：

　　此地是位于迷黎之东南方向叫作"垣角"的一个孤岛，岛上有万株楠树，周围都是海水。这里的牡蛎特别多，都长成了牡蛎山。这么多的牡蛎都让中国人看傻了眼，对于生活在内陆江西的大渊来说更是如此。但是当地却很少有人上去采牡蛎，是见怪不怪了吗？还是吃腻了？中国人搞不明白。这里土薄田地少，气候不平均。居民风俗崇尚奢华，男女都扎着辫子，手臂上还带着金手镯。他们穿着五色绢布做成的衣衫，下身是朋加剌布做成的裙子。此地出产的骆驼身高九尺，被当地人用作载重的交通工具。还有一种仙鹤身长6尺左右，以石头为食物，这也太稀奇了。要是有人拍掌，仙鹤就展翅起舞，姿态优美，也是当地的一个奇观。

　　当时的中国人，把位于澳大利亚北部港口城市达尔文港的一带，称作麻那里。麻那里是对马来语 Marani 的音译，马来人称澳大利亚北部为麻那里。麻那里在马来语中的意义为女人国。19 世纪之前，澳洲的北部还保持着原始社会中的母系制度，这与女人国一名的意义相符合。而"麻那里"这一条中所提到的迷黎之，是马来语 Miraj（死亡）的音译。因为澳洲北部比较荒凉，所以马来人称澳洲北部为死亡之地，中国人便借用马来语，称其为迷黎之。

　　汪大渊所描述的石楠树，是澳洲的火焰树的中文译名，而仙鹤则是指澳洲特产的澳洲鹤。传说这种鹤是澳大利亚一个毛利部落的能歌善舞的美丽姑娘变的，所以说这种鹤才擅长跳舞。由此可见，汪大渊此条对"麻那里"的记载，实际上就是对澳洲北部某地的记载，换句话说，汪大渊在14世纪便已经到达了澳洲大陆。

　　后来船队一路向西，到了加将门里（东非坦桑尼亚达累斯萨拉姆地区），展现在船员眼中的又是一幅全新的景象。此地离加里大概有两千余里，长满了高大的树木。这里气候总是炎热，土地肥沃，一年可收获三季。男女都挽发髻，穿着长衫，居民种族繁多，信仰多种宗教。当地风俗轻薄，商贩常年跟外国通商。此地盛行人口买卖，当地商人喜欢把黑人儿童贩卖到朋加剌，价钱根据儿童的年龄和身高而定，很多人靠着这样的买卖发了大财。

　　居民们服从酋长的统治，他们煮海水为盐，酿甘蔗酒。此地盛产象牙、兜罗绵和花布。汪大渊的伙伴们做买卖，出售的是苏杭地区产的五色缎、南北丝、土绸绢和巫仑布。

　　离开了黑人居住的国度，船队又来到波斯离（伊拉克巴士拉一带）。此地与西夏（今属伊拉克）接壤，土地方圆五千余里。

市场之间百姓比邻而居，密集的程度仿佛鱼鳞。这里气候常年较冷，土地适宜种植水稻和麦子。这里风俗奢华，男女身材修长，把头发编织成辫子。他们身着褐色的驼毛衣衫，用软锦做床褥，喜食羊肉。

国中由酋长统治，百姓煮海水为盐。当地出产有琥珀、软锦、驼毛、海狸、松脂和椰枣。跟他们做贸易，汪大渊他们拿的是毛毯、五色缎、金箔、白银、倭铁（较高级的钢）、大风子、牙梳、铁器和肉桂。

写完上面这个地方，汪大渊已经用坏了 10 支毛笔了，还不知多久才能打道回府，返回故乡呢，这毛笔和墨都要仔细地、节省着用。至于写下来的笔记，汪大渊都另外再抄一份，放在别的船上，托一个江西的老表船员代为保管。有两份总比只有一份来得保险，在汪大渊的心里，宁愿自己回不了国，也要让旅行笔记顺利回国。这是自己读了这么多书，吃了这么多年饭食，唯一可以报效父母和祖国的事情。

再往后就到了挞吉那（伊朗法尔斯沿岸塔黑里一带）。挞吉那位于波斯一带，即古时所谓西域。这里山地较少，土地贫瘠，常年炎热，天气总是阴沉沉的。这里的风俗与中国四川的羌人竟然有相同之处。这里的男女皮肤较黑，眼睛大而圆，面部轮廓都

很漂亮，人们穿着软锦制成的衣衫。一般是男人们外出采集红宝石，女人则以纺织为生。百姓在酋长统治下过日子，他们煮海水为盐，酿石榴酒。此地出产安息香、琉璃瓶和硼砂等，栀子花的品质胜于他国。汪大渊的伙伴在此地贸易的货物有沙金、花银、五色缎、铁香炉、铜线、硫磺和水银。

下一站就到了千里马（斯里兰卡东岸亭可马里）。这地名挺有趣的，不知会不会有什么样的来历，汪大渊在码头上向各地的船员打听，都说不出个所以然来，只好按下不表了。汪大渊发现，此地北面跟大奋山划界，周围溪水环抱，河床宽广，四季都是澄澈见底。船员们每天要喝溪河里的水，离开的时候还装了很多溪水带上商船。这里气候偏热，土地贫瘠，收成不多。当地风俗淳朴，男女都留短发，身着丝布衣裳。居民们服从酋长的领导，他们煮海水为盐，酿桂花酒。出产有翡翠鸟的羽毛、百合、薯类等物。在当地做买卖，船员们出售的是铁条、粗碗、苏木、铅和针。

元至顺年间冬季十月十二日，汪大渊他们的商船航行到了大佛山（斯里兰卡卡卢塔拉）附近，大佛山是在迓里和高郎步之间。在这里，汪大渊觅得了一件稀世珍宝，他不禁激动地写道：

是夜月明如昼，海波不兴，水清彻底，起而徘徊，俯窥水国，有树婆娑……把而玩之，高仅盈尺，则其树槎牙盘结奇怪，枝有一花一蕊，红色天然。既开者仿佛牡丹，半吐者类乎菡萏。

这一夜，月光明亮如同白昼，海波不惊，海水清澈见底。大渊出舱徘徊，来到船边。他俯望水底，只见水中树影婆娑，煞是好看。于是就询问一个水手：

"这是孔雀石或者珊瑚珠吗？"

水手回答："不是。"

于是大渊又问："那么这是月中的裟罗树吗？"

水手回答："也不是"。

水手说完便喊来一个儿童下水去取。这东西很奇怪，它在水下时很柔滑，拔出水面却变得坚硬如铁。汪大渊从儿童手中接过这东西，放在手上仔细观赏，只见它高一尺许，树枝奇怪地盘结着。枝桠上有一朵花和一个花蕊，颜色鲜红浑然天成。盛开的花朵好似牡丹，半开的花朵形似菡萏。慢慢地，船上的人都被这奇怪的物体所吸引，举着蜡烛围成一圈，欢笑雀跃起来。有人说："这就是琼树开花呀，真是海中的稀罕物，在中国也没有听说过。

我经历此地已有 40 多年都没见到，今天却被你大渊得到，岂不是千年一遇吗？"

大渊听后也倍感兴奋，次日以后，他就写了古体诗一首纪念此次奇遇。随后，在整个航行中，汪大渊都小心翼翼地呵护着、保管着这棵珍贵而美丽无比的红珊瑚树。他知道，浩瀚无比的大海就是一个巨大的、天然的宝库，那里有人间无法看到的各种奇怪的生物和植物。人的一生如果有条件，应该跨出国门，去更广阔的天地和海洋，增长见识，开阔眼界。这也更加坚定了汪大渊日后著书的决心，他要把世上美好的事物记下来，带回去，让更多的人分享自己的快乐。

到了返回祖国、登上故乡大地的时候，汪大渊就把这棵鲜红的珊瑚树藏在袖中带回了家里，一直把它存放在南昌东湖的君子堂。这宝物后来被江西著名的文人虞集先生见到，他也当即赋诗一首，此事一时在文人中间传为佳话。

话说此后，船队又来到了须文那（印度孟买以北 Sopara）。此国与班支尼那接壤，山体如瓜形，人民安居乐业。这里田少、土薄，收成不多，气候随季节变化。此地风俗较为浅薄，男人女人都只用丝绳系着头发，看上去乱蓬蓬的。酋长的家中有一只石头的灵鹫，高七尺多，身体为白色，头顶呈红色，就像是活的一样，老百姓都把它看作神鹭。每年四五月间，要是夜里听到这只神鹭鸣叫，那么一定有好收成。人们有了疾病前去占卜，也相当灵验。这个故事被老百姓说得活灵活现，而且深信不疑，汪大渊也就记了下来。

当地民众不擅长用海水煮盐。物产方面有丝布，胡椒的质量要稍逊于希苓和淡邈产的。这里还有一种特产叫做孩儿茶，别名又叫"乌爹土"和"胥实失之"，尽管名字五花八门，其实就是槟榔汁，味道还不错。汪大渊的伙伴在这儿交易的物品是五色细缎、青缎、豆蔻、大小水坛和苏木。

又过了不少日子，汪大渊第二次登上了远航的船队。这一次出海，距离第一次差不多有 7 年了。当初的兴奋汪大渊还记忆犹新。那一次回来，汪大渊不仅赚了大钱，还带回一摞笔记，这都是他的财富。当然，最主要的是，他是健康地活着回来的。他跨海旅行的壮举开始被人们传扬着，父母高兴得合不拢嘴。但是，汪大渊并不满足于这一次的收获，他觉得自己还年轻，还有好多事情都需要经历一番，搞搞清楚。于是，他休整了两年多，又踏上了第二次浮海之旅。

第二次的旅行记从万里石塘（中国西沙群岛）开始。汪大渊在舱里铺开了宣纸，握笔写道：

石塘的地底连接祖国的潮州，它绵延迤逦如长蛇，横跨汪洋，越过诸国，俗语称为万里石塘。依我推算，它岂止万里之长。船队由呑屿门出发，张挂四张风帆，一路乘风破浪，犹如在海上飞驰，到达印度洋西部约在一百天以后。如果以一天一夜航行一百里计算的话，差不多是有万里之遥的。所以，一路上我们有足够的时间可以细细考察它的地脉。它的一脉通向爪哇，另一脉延伸至勃泥和古里地闷，还有一脉到达西印度洋的昆仑之地。所以咱们的紫阳朱熹说过，海外之地都与中原大地依依相连，真是说得有道理啊。

汪大渊提到的朱熹就是大名鼎鼎的宋代"程朱理学"的代表人物，号考亭、紫阳，徽州婺源（今江西）人。朱熹以"理"为宇宙的本体，认为理与气不能分离。他以理气说解释万物的生长，指出物之所生，是理气相合。朱熹的书汪大渊看过不少，对他的博学也深有钦佩。于是他又提笔写道：

且看海洋广袤无涯，大海之中有这处石塘，谁又能看得清呢？船舶要是能避开它就安然无事，撞上它则凶多吉少了。这样看来，罗盘就成了航船的命脉。我们的船队多亏有了精明智慧的舟师，否则早晚都会船毁人亡。我奉劝后人们，侥幸之地以后再也不要经过了，千万不要为了抄近路而迎着风涛前行。

记完了对万里石塘的描述之后，汪大渊决定，凡是前一次到过的地方，如果这次没有什么新发现，就不再记录了。凡是新的地方和新的事物，则一定要记录下来。

接下来汪大渊所记录的，是小具喃（印度西南岸奎隆）的风土人情。此地与都拦礁相距不远，土为黑壤，适宜耕种稻麦。但此地居民性情懒惰，不愿耕种，只得每年从乌爹进口粮食以供温饱。此地盛行贩马，有的时候，信风较迟到达，载马的商船已经离开，载货就不足。或者风向为逆风时，商船也无法到达喃巫哩洋，路上还要防备高浪阜那种地方的珊瑚礁石头。因此商人往往需要在此过冬，等到第二年八九月份载马的商船又到来时，再到古里佛去进行贸易。这儿的风俗、男女的衣着打扮等都跟古里佛差不多。这里没有酋长，只由村长实施管理。当地出产胡椒、椰子、槟榔和溜鱼。跟他们贸易，中国人用的是金、银、青白花瓷器、八丹布、五色缎和铁器等。

下一个新来到的地方是古里佛（印度西南卡利卡特），这里

是大海之中的交通要道，是去往僧加剌、密迩和西印度洋海域各国的出发码头。此地山势横亘，土地贫瘠，只适合种植小麦，每年都依赖从乌爹进口稻米。当地人古风依旧，人们走在路上会相互谦让，从未发生过偷盗的事情。这个国家的法律相当严苛，如果有人偷了牛，小偷的全部家产都要被没收，小偷则处以死刑。国家的官府建在深山里，海滨一带成为集市，方便互通贸易。

此地盛产胡椒，但是品质不如下里的好，民间都会把胡椒储藏在仓库里。每一播荷（重量单位，今460磅为1播荷）为375斤，税收两成。还有椰子树叶、皮桑布、蔷薇香水、波罗蜜、孩儿茶（槟榔汁）。其他东西如珊瑚、珍珠、乳香等，都是从甘理和佛朗运过来的。运出去的货物同小具喃卖出的东西一样。此地还是马匹的集散地，好马由西极用船运送到此处贩卖交易。每次交易，所用货币动辄万金，少则四千，否则就会被他国人嘲笑国库空虚。

下一个新的国家是朋加剌（孟加拉和印度西孟加拉邦），此国山峰崔嵬，树林高耸，人民聚集而居，以耕种为业。周围没有什么荒野，田地都很肥沃，每年仅粮食就可以收获三季。因此当地物产丰富，价格低廉，这里就成了古忻都州府的首府。这里一年到头气候温热，风俗最为淳朴。男女都用细布缠发，身着长衫。国家税收取十分之二。官府铸造的银币叫做"唐加"，每枚二钱八分重，作为流通的货币。每一枚能换 11 520 个贝壳，贝壳作为零钱使用，可以方便人民。

此地出产物有苾布、高你布、兜罗绵和翡翠鸟羽毛。汪大渊和伙伴们在这里交易，出售的是南北丝、五色绢缎、丁香、豆蔻、青白花瓷和白缨之类。

这个国家之所以国泰民安，都是注重农业的结果。当年国民不怕吃苦，开垦荒地，努力耕种粮食而不知疲倦，天时、地利再加上人和，使得国富民安，风俗淳厚，国力就超过了旧港，达到跟阇婆国差不多的程度。

巴南巴西国（今印度西南部霍纳瓦一带）在大响山的南边，人民在方圆数十里之内环绕而居。这里土地贫瘠，比较适合种植豆类。气候有时会突然变冷。风俗稍感轻薄。这里的男人和女人体型都比较矮小，他们皮肤黝黑，眼睛圆，耳朵长，手臂垂下来能超过膝盖，手臂如此之长的民族，汪大渊此前从来没有见到过。当地人常常身披丝绒做成的布衣。民间女子有相貌姣好者，自 7 岁起，父母就教她唱歌跳舞。稍大以后，她们跳起舞来更为娴熟，身材转动灵活，舞姿变化无穷，颇为可观。如果把她们带

往别的国家去表演舞蹈，能够得到不少赏钱。此地盛产细棉布，中国人多用锡块跟当地人作交易。

看到这些舞女，汪大渊不禁想到自己的祖国。在50多个不同的民族中，汉族大概是最不善歌舞的民族了。汉族人热衷读书，文风昌炽，文人辈出，星汉灿烂。但是民族性格比较内向，心中情感常常披露于书中，通过写作和阅读与他人沟通。而众多少数民族大多性格奔放而外向，他们擅长通过歌喉和舞姿表现他们的情感，却不太喜欢书写这种静态的活动。因此，各个民族之间也是需要取长补短的。

这次又来到一个新的地方叫做放拜（印度西部孟买）。此地在巴隘的乱石之中，有渡桥可以出入。这里地表比较空旷，都是陆地，周围没有稻田，适宜种植麦子。气候温暖，风俗质朴。男女都长着长脸，肤色漆黑，反衬出眼睑较白。当地人喜欢把头发编成绳子状，身着斜纹木棉的长衫。

居民煮海水为盐，把鹅卵石当燃料来烹饪食物。这可是挺新鲜的事，汪大渊是第一次听到。他觉得当地的鹅卵石一定不是一般的石头，不知它里面含了什么物质。此地的人民被酋长统治着。出产物有一种极细的布，大概有一丈长，七尺宽。当地槟榔可以算是诸国中最好的，汪大渊和伙伴们都吃了不少。在当地，他们出手的是金子、贝壳、红白烧珠之类。

大乌爹国（印度东部奥里萨邦一带）靠近巴南，位于孟加拉海西部中段山脉脚下。附近的山石多为海绵状，土壤里夹有不少沙子。此国有个叫"黑岁"的地方，非常适宜种豆。这里气候常年较热，风俗比较淳朴。男人女人都身材修长，女性穿细布的衣裳，系红绢的裙子。这里的女人特别善战，她们投标枪，用竹矢，技术都很熟练。竹矢的头上涂着毒药，别国的人都闻风丧胆。

此国的货币由金子、鱼和贝壳充当，这里的人民服从酋长的统领，居民们通过煮海水获取食盐，用快速酿酒方法酿出酒水。此地出产布匹、猫眼宝石、红宝石和翡翠鸟羽毛。跟当地人买卖，中国人用的是白铜、鼓板、五色缎、金、银、铁器之类。

下一个地方名字也很好玩，名叫万年港（印度尼西亚加里曼丹岛西岸坤甸一带）。凌门正湾是万年港的屏障，船舶靠近湾口时就可望见万年港了。海湾内宽约二十余丈，深不见底，水中有各种大小鱼类。海湾旁有山，居民绕山居住。此地田地虽广，但多为沼泽，良田稀少，只适宜种植麦子。气候是常年炎热。此地民风淳朴，男女都梳着锥形的发髻，身裹青布。

这里的领导人是酋长，居民煮海水为盐，酿甘蔗为酒。出产物有降真条香、木棉和黄蜡。中国船员做买卖，售出了铁条、铜线、土印花布和陶瓷瓶之类。

马八儿屿（印度与斯里兰卡间潘班岛、马纳尔岛一带）在斯里兰卡大岛的西北，加将门的右面，旁边就是山脉。当地的土壤有咸味，比较肥沃，每年的收成都很好。只是气候炎热的缘故，民间常喜男女之事。此地的男女都披散着头发，用椰树叶蔽体。百姓不从事纺织，把海水从井中取出煮成食盐，会酿椰子酒。此地没有酋长。

特产有翡翠鸟羽毛、细布和羊，肥羊一般有一百多斤一头。谷米的价格相当低廉。在当地做交易，汪大渊他们买进了谷米等特产，卖掉了砂金、青色缎子和红绿烧珠等物。第二天，船队又去了拔忽港、里达那、骨里傍、安其、伽忽，这些地方都受马八儿屿的节制。

阿思里（北非埃及红海沿岸库赛）在极西南的方向，已到了"国里"的境地。此地几乎没有树木，每当狂风大作，便沙尘四起，直扑人面，吓得人们不敢出行，有的人就编了竹面罩用以抵御风沙。这里气候极热，半年也不下雨。当地人只得深挖地下水解渴，挖至两三百丈才出水，味道清澈甘甜。

　　此地适宜种麦，有时潮水会涌上平原，土地就变得湿润，使麦苗的长势良好，收获颇丰。男女都把头发编织成辫子，再用牛毛搓成的绳子跟辫子拼接，一直垂到膝盖。当地人还用鸟的羽毛做成衣服穿在身上，把麦子做饼当成食物。当地特产为大绵布、小麻布。中国人在此地跟他们做买卖，出手的是银、铁器和青烧珠。

　　哩伽塔（阿拉伯半岛南部也门亚丁一带）位于极西面的地岬，在红海之滨。这里田地贫瘠，只适合种植黍子。居民们用石板建造房屋，他们会掘地一丈多深用来储藏粮食的种子，据说用这样的法子储藏，种子三年也不会腐烂。此地的气候是夏天比较凉爽，秋天反而稍热。民风较为质朴，居民中的索马里人男男女女都身材瘦长，形状古怪，头发有两寸长，但也不会再长了。他们穿布筒衣，裹黑布裙。

　　百姓们煮海水为盐，酿黍子酒，拿牛奶作为食品。此地盛产绿宝石和珊瑚树。珊树瑚有的长一丈多，有的长七八尺，树围也有一尺多。每到秋冬季节，居民们纷纷驾船前往海域中采集珊瑚。他们把系有绳索的网或者纱线套在横木两端放入海水中，人在船上拉动绳索，珊瑚被网、绳缠住，很容易便被捞上岸来。在当地做交易，船上的人拿出来的是金、银、五色缎和巫仑布等。

下一个地方有个无比美妙的名字，叫做天堂（阿拉伯半岛麦加）。天堂是古时候筠冲的一个地方，又叫西域，汪大渊动情地赞美它是"风景融合，四时之春也"。

这里地势广阔空旷，风景优美，四季如春。土地肥沃，稻米丰收，人民安居乐业。中国人要是去麦加圣地朝圣，可从云南出发，花上一年多时间才能到达麦加。往西印度洋方向走海路也可以到达麦加，那就要经过天堂。

这里气候温暖，民风善良。男女都梳辫子，上穿细布长衫，下围细布。当地特产是西域的马匹，身高八尺多。汪大渊也算是个见过世面的人了，但是看到天堂的马，他也不禁发出由衷的赞叹："好马、骏马，见到此马此生无憾！"当地人常常用马奶拌着吃饭，因此当地人身体尤其强壮。中国人来这里交易，卖出了银块、五色缎、青白花瓷和铁香炉之类。

这里是天竺（巴基斯坦信德省），它在大食（伊朗）的东面，以前隶属于印度河下游的国家"秦王之主"，距离大海有两百多里远。此处土地平坦富饶，气候多变。男女都身长七尺，眼睛较小，脖子较长。他们把手帕系在额头上，头发编成辫子垂到耳旁。男人女人都身穿细布长衫，脚上是绵纱的袜子和藤皮编织的鞋，居民们一直保持这样的装束，以示礼节。当地由酋长统治。

这里的人不擅长煮海水为盐，粮食要仰仗从外国进口。民间使用黄金作为流通货币。这里盛产沙金和骏马。汪大渊一行人在当地做买卖，用的是银块、青白花瓷、带花纹的锡块、酒和色印布之类。

船队往西航行，来到了层摇罗（东非坦桑尼亚桑给巴尔岛）。此国在大食的西南方向，山上多是悬崖，没什么树木。土地为盐碱地，土层较薄，麦子产量很少，只能多种植番薯作为主食。商人到此地来从事贸易，要是贩卖粮食，可以大赚一笔。当地气候变化很大，风气朴素。男女都挽着头发，身穿无缝短裙。百姓们捕捞鱼虾，狩猎野兽作为食物。当地人煮海水为盐，酿甘蔗为酒。酋长统治着当地人民。此地盛产红檀、紫甘蔗、象牙、龙涎香、未经提炼的金屑和硫酸铜。中国人跟他们交换的货物有皮箱、带花纹的银子和五色缎之类。

马鲁涧（伊朗西北马腊格）在遐迩沙喃的腹地，人民安居乐业。周围很多的西域诸国，皆臣服于此国。此国的酋长是中国临漳人，姓陈。他自幼聪慧能读书，长大后习武练兵，熟悉军事。元朝初年，他领兵镇守甘肃西部，后来又奉朝廷之命率元朝大军西征到此地，再也没有返回中国。汪大渊一行人来到这里，时常

可以听到熟悉的祖国的乡音，在这里，也能吃到祖国的饭食，这让大家都感到十分亲切。

当地盛产骏马，所以骑兵数量也很多，并且拥有良好的军事素质。进攻他国的时候，军队动辄就出动骑兵数万，取得胜利也是常有的事情。某年的正月三日，这位酋长建了一座高坛接受兵士的祝贺。他的军队所到之处，后来也都形成了民众聚集的村落了。这里的民间买卖很自由，一直没有滋生什么纷扰，这都是因为注重法律的缘故。这位酋长严守法纪，赏罚分明，成为国王酋长之中的表率。

再往南，船队来到了甘埋里（伊朗南岸外霍尔木兹岛），这个国家包含南冯地区，与佛郎相近。从此地张帆起航，顺风而行的话，两个月就能到达小具喃了。此地的船只多为运送马匹的船，所以叫马船，比一般的商船大。这种船上没有一个钉子，船身所有的木板都由椰绳捆绑连接。马船一般建有两到三层，由木板分割而成，漏水非常严重。航行的时候船员必须日夜在船舱内舀水，否则就有沉船的危险。马船的下层放上一些压重的乳香，上层是一百多匹马。这些马的体型都头小尾轻，腹部像鹿一样地下垂。四个蹄子都安上了铁蹄，每匹马儿身高七尺有余，每日能跑千里。

　　此地所有的植物香料和琥珀之类物品，都产自佛郎国，由商人们把这些物品贩卖到西域各国。汪大渊的中国伙伴来到当地交易，带的是丁香、豆蔻、青缎、麝香、红色烧珠、苏杭产的色缎、苏木、青白花瓷、瓷瓶、铁条，最后又满载了一船胡椒返回。

　　中国商船后来又来到麻呵斯离（伊拉克西北部摩苏尔），此地与大食国相距数千里，跟鲸板奴国挨得很近。船舶若是从入海口顺河流前往，大概有两百里的路程。再走崎岖的石路深入腹地的官府，还要走三百多里。这里地势平坦，仿佛一张席子，气候跟随季节的变化而变化，风俗崇尚简朴。这里的男女都把头发编成辫子，眼睛大得像铜铃，身着长衫。

　　当地人从咸水井里取水制盐，会酿葡萄酒，由酋长所统领。此地特产是青盐、马奶子葡萄、稻米和麦子。麦子很特别，每粒有半寸长。每年的八九月，是采集树枝甘露的时节。老百姓会用洗干净的池子来盛放甘露，出大太阳时，就让甘露承受阳光的暴晒，暴晒后的甘露凝结成像冰一样的形状，口味类似糖霜。再用瓷器把这些冰晶存储起来，用它调水来喝，能够驱逐瘴气。古话所说的"甘露王如来"，就是指的这个地方。中国人拿出来交易的物品是刺速斯离布料、紫金、白铜、绿宝石和阁婆布之类。

又过了不少日子，船队驶到了罗娑斯（澳洲某地）。此国与麻加那右面的山脉相连，山石陡峭凌厉，如天马奔驰状。这里靠近海边，民风野朴单纯。百姓不懂纺纱织布，只用羽毛蔽体。他们也不会生火做饭，而是茹毛饮血，居住在山洞里面。这番景象不禁使汪大渊感到震惊，他于是提笔写下：

> 在中国人看来，生活上再朴素，吃熟食和住房屋都是必不可少的，冬穿棉衣、夏穿丝麻也是天然之理。然而，大自然南北之地相隔千里，冷热差距也会有天壤之别。更不要说那些海外之国，在各方面都差异悬殊也就不足为怪了。这个地方得天独厚，即使不像我们人类所熟悉地那样吃饭穿衣，但是也过得怡然自乐！看到这样的人类，我还以为自己回到了太古时代！

此条中记载，汪大渊看到了一群生活极为蛮荒落后的人，结合《岛夷志略》之前的描述，如此蛮荒，住山洞，用鸟毛蔽体，茹毛饮血的人，汪大渊并未在别处看到过。由此可以推断，至少生活在这里的人，与汪大渊之前所到过的其他国家，是没有互通交流的，很有可能住在一块单独的大陆上。事实上，这块大陆就是澳洲。

当时的中国人把澳洲称为罗娑斯，也称之为绝岛，因为他们认为澳洲是地球最末端的岛屿。当时澳洲北部的土著人，在汪大渊那个年代还是原始社会，所以记载他们住山洞，不穿衣服，茹毛饮血，如同原始人一样地生活，是非常真实的。我们可以通过《岛夷志略》得出可靠的结论，汪大渊在公元 1330 年到 1339 年之间就已经到达了澳洲，是白纸黑字有记载的发现澳洲的第一人。

早于英国人 300 多年，我们中国伟大的旅行家汪大渊就发现了澳洲，并作出了书面记载。然而，由于文化和制度的种种制约，中国并没有对澳洲进行任何的动作，也未施加任何影响，致使世人只知道澳洲是英国人的地理大发现，这实在是一件十分遗憾的事情。放眼当今的澳洲，已然是白种人的天下。澳洲大陆上高高耸立着"澳洲发现者"和殖民者英国人库克船长的雕塑，却没有任何人记得汪大渊曾经留在这里的足迹。面对这样的事实，中国人恐怕只有无尽的感叹吧。

有意思的是，每当问起人们第一个发现澳洲大陆的人是谁时，人们总是想起英国人库克船长。这个在工业革命时代的航海英雄，被人永远地铭记，即使他并不是第一个登陆澳洲大陆的人，而是因为他的国家的人占领了澳洲。如今生活在澳洲大陆上

的白种人，都是当年的英国人的子孙后代，他们自然会纪念库克。

历史车轮碾过，在世界扬起一片尘埃。我们无法改变历史，作为礼仪之邦的中国，我们不会去殖民别的民族，把自己的繁荣建立在别人的痛苦之上。汪大渊是第一个有记载的登陆澳洲大陆的人，这是不容置疑的事实，是不会因为被忽视或者诋毁而改变的事实。

汪大渊在《岛夷志略》里记载的最后一条是乌爹（又作乌土，在缅甸勃固一带）。"乌爹"这个国名用的是印度人的旧称。此地山林较少，田野平旷。当地人注重农耕，庄稼既没有杂草的侵害，也没有蝗虫的灾祸，每年可收获三季粮食，所以物品都很便宜。此国没有盗贼，民风也淳朴可爱。邻里和睦，读书人尤其讲究道义和气节。老百姓安居乐业，没有哪个国家比这个国家更美好了。这里的气候，男女的穿着，都跟朋加剌差不多。税收较轻，只取十分之一。

这里的大宗物产是"黑国"（一种谷米类粮食）、翡翠鸟羽毛、黄蜡、木棉和细匹布。汪大渊和商人们来此贸易，带来的是金、银、五色缎、白丝、丁香、豆蔻、茅香、青白花瓷、鼓瑟乐器之类。

此地每枚银钱重二钱八分，能兑换我元朝中统钞十两、贝壳

11 520 多个，可以用作流通货币。用 250 个贝壳可以买一尖箩熟米，折合官方制定的斗有一斗六升。每枚银钱换算成贝壳，可以买到 46 箩米，也就是 73 斗 6 升米，可供两个人吃一年有余。所以到这里做买卖的人，经常来了 10 个有 9 个就不走了。

汪大渊来到此国才知道，在海外国家中，也有一些是看重农耕的，这样的国家里很难看到游手好闲之人。于是汪大渊又挥笔写道：

在这样的国家里，家家丰衣足食，户户人丁兴旺。国家颁布了礼仪规范，普及了诗书礼乐，跟我们中国已经没有什么两样了。谁还会说这里是落后的蛮夷之邦，不可前来呢？

汪大渊两次出海旅行探奇，看到许多异邦风俗民情，其中既有先进的，也有落后的。但凡是发现文明有序的行为风尚，他就会想到中华泱泱大国的文明传统，爱国之心溢于言表。

叁 东方的马可·波罗

1. 定居百花洲

第二次出海回家之后，汪大渊就再也没有出国，他用两次出海经商赚回来的钱在南昌中心地区的百花洲建造了屋宅。百花洲的地理位置极好，它是南昌东湖的一部分。东湖最早的记载见于郦道元的《水经注》，可见颇有历史。东湖中的所谓百花洲由东、南、北三个小洲所组成。"百花洲"这个名字则晚在宋代才出现，是文学家向子埋在他所填写的蝶恋花一词中首次歌咏了"百花洲"这个地方。南宋绍兴年间，豫章节度使张澄建曾在百花洲设立讲武堂操练水军。百花洲今天仍是南昌的一个雅处，附近市民几乎把它当作自家花园，游人熙熙，终日不绝，此处现在改为

"八一公园"。2013年盛夏时节,气温高达40度,游人午后散步在湖边,仍可感受凉风习习的吹拂。大娘大爷们在公园一角跳起广场舞,也是兴致盎然。

不过,元代的百花洲是相当清静惬意的地方。汪大渊居住在此,也有了足够的时间和条件定下心来整理那些航海笔记,并最终完成《岛夷志略》一书。汪大渊第一次出航归国后,就已开始将自己所观察到的各国的社会经济、民俗风貌记录成章,并作为资料保存下来。第二次航行归来后,他又在以前的笔记基础上加以补充整理,最后才成书刊行。

在撰写的时候,每每回想起那些航海路上的种种艰辛,汪大渊都是百感交集。他决定无论如何都要把这件事情做好,不仅仅是给自己的航海生涯留个纪念,也为了让更多的人了解海洋与海洋那边的未知国度。汪大渊暗暗下定决心,绝不抄袭任

百花洲(选自辛利杰主编《南昌的中华之光》)

何前人的著作，也绝不记载任何道听途说来的传闻，全书一定只写自己的亲身所经、亲眼所见、亲耳所闻。

笔耕之余，闭眼小憩，当年游历澎湖岛时所见场景，又一幕幕地浮现在了眼前，不管是美味的鱼虾，还是满山遍野如同落地云朵般的山羊……

海洋是一个梦，不会随着时代的更替而消亡，也不会随着时间的推移而被磨灭，它就像大海的波浪，接连不断，一浪高过一浪……

远洋航海具有一定的危险性，只有不畏艰险不怕死的人，才敢于探索海洋。中国的航海史上，能够载入史册的人，屈指可数，除了汪大渊之外，较为著名的还有徐福、鉴真和尚和七下西洋的郑和。

春秋战国时期，秦始皇为了长生不老，派遣徐福带领童男童女数千人出海，去寻找长生不老的仙丹。徐福是鬼谷子的关门弟子。鬼谷子是著名的兵法家孙膑、庞涓和鼓吹合纵连横的苏秦、张仪的老师。徐福跟随鬼谷子闭关修行，学习辟谷、气功、修仙武术等，当他出关时，已然是一名博学多才、通晓医术、天文、航海知识的人才。那个时候刚好是秦始皇时代，秦始皇赏识他的才能，尤其看重他的航海知识，便派遣他带领五千童男童女出海，为自己寻找长生不老的仙丹。

令人惋惜的是，徐福带着童男童女出海后就再也没回来。有人说秦始皇为了祈求长生不老而将他们献祭给了海神。也有一说是徐福在一座仙岛上找到了长生不老的药，便留作自己使用，逍遥快活地生活在岛上不回来了。还有人说，徐福没有找到长生不老的仙药，知道回去肯定会被杀头。为了保护自己，更是为了保护那五千个童男童女，徐福就带着他们横跨海峡去了日本岛，从此生活在了日本。所以现在也有日本人是中国人后裔的说法。不管怎样，徐福这个人已经变成了神州大陆上一个永久的传说。敬重他的乡亲们为了纪念这个人，把他出生的村庄改名成了"徐福村"，并在村北建造了一座"徐福庙"。

鉴真和尚是一名唐代高僧，曾经六次东渡日本，将中国先进的佛教文化传播到日本。他同时也是日本佛教律宗的开山祖师。日本的人民十分崇敬鉴真和尚，称它为"天平之甍"，赞颂他犹如天平时代的屋脊一样高的丰功伟绩。鉴真本姓淳于，扬州江阳县人，因为晚年的时候受到日本僧人的邀请，故而东渡传经，一路上历尽艰险，甚至双目失明，最后终于到达了奈良，为推广大唐文化做出了巨大的历史贡献。

而中国历史上杰出的航海家，三保太监郑和，更是为人耳熟

能详。郑和原名马和，小时候因战乱被掳入宫中成了太监。后因
其聪明伶俐，勤奋好学，就被朱棣选中收在身边，并让老师传授
他天文地理以及各种航海知识。永乐二年（1404年），明成祖因
为觉得马姓不能登上三宝殿，就赐了马和姓郑，从此马和改叫了
郑和。后来，明成祖一方面为了寻找侄子朱允炆，另一方面为
了宣扬国威，便派遣自己信任的得力助手郑和出使西洋。郑和
一共七次下西洋，在下西洋的过程中不仅传播了大明文化，促
进了与诸国的友好交流，还几次出手帮助友邦平定叛乱，给大明
皇朝在海上树立了颇高的威望。第七次下西洋时，郑和因为过度
劳累，在印度西海岸的古里去世，将生命永远地留在了异国的大
海之滨。

　　这三个人中，郑和的名声是最大的。以郑和为原型的传
记、小说不胜枚举。近些年来，通过明代历史的宣传，郑和的
形象也越发高大起来，他的故事还被改编成了剧本，被搬上荧
幕。在中国，如果有人发问，谁是中国古代历史上最杰出、最
伟大的航海家，那么人们第一想到的人一定是郑和。郑和的名
声远远大于本书的主人公汪大渊。许多人知道郑和，却不知道
汪大渊，更不会有人知道，其实这两个人之间也有着千丝万缕
的联系。

汪大渊是元朝人，郑和是明朝人。汪大渊在郑和之前出海，并且编写了著名的《岛夷志略》。郑和在出海前，就曾经精心地研究《岛夷志略》，认真阅读书中所记载的海外各国的地理位置，各地区的社会经济情况和风土人情。当时郑和的身边，跟着两位翻译官，一位名叫马欢，一位名叫费信。

马欢，字道宗，浙江绍兴人。他通晓多种外国语言文字，可以跟外国人直接交流，在下西洋的过程中，也为宣传中华文化做出了较大的贡献。他在永乐十一年（1413年）和永乐十九年（1421年）分别跟随郑和访问了占城、爪哇、旧港、暹罗、古里、满剌加、苏门答腊、锡兰等国家，并在回国后，将自己所亲历的国家的政治、风土、人文、地理等状况记录了下来，在景泰二年刊行了名为《瀛涯胜览》的一本游记。费信也写出了《星槎胜览》一书。马欢和费信两个人都曾非常认真地研究过汪大渊的《岛夷志略》。

当时还没有出过海的马欢，对汪大渊书中的内容提出了质疑，他认为天底下的国家与地区，不可能像汪大渊写的那样，会有这么大的差别。尤其是汪大渊在书中记载的一些夸张诡异的奇闻逸事，让马欢直呼不可思议。但是等到他真正跟随郑和游历过海外诸国之后，才恍然大悟，原来汪大渊笔下的那些事情况完全

属实。后来马欢在《瀛涯胜览》的序中写了这样一段话：

> 我昔日阅读《岛夷志》的时候，看到里面所记载的天时
> 气候的差别，地理、人物的不同，曾经十分感慨道：普天之
> 下真的会有这么大的差异吗？……等我阅览了各种外国书籍
> 书，并被派遣为翻译官，跟着郑和跟他的宝船，在鲸波浩渺
> 的海上飘荡了不知几千万里，游历了诸多国家与地区之后，
> 亲眼见到了那些国家的天时、气候、地理、人物等等，我才
> 知道原来《岛夷志》里面所说的东西都是真的。

马欢两次跟随郑和出海，所到的地方与国家，大部分都与汪
大渊所到过的地方与国家重合，很有可能，郑和下西洋就是按照
汪大渊的路线，或者说是参考汪大渊的路线航行的。马欢在《瀛
涯胜览》序言中所说的这一段话，更从侧面证明了《岛夷志略》
的可信度。可以说，《岛夷志略》不仅对明代以后的地理书有很
大的影响，对郑和下西洋也起了很大的帮助。

而就航海本身而言，比起郑和来，汪大渊的壮举更是来之不
易。首先，郑和出海是受到了明成祖的命令，圣旨不可抗，使得
他别无选择，只得完成航海的使命。而汪大渊的远航动力，仅仅

来自内心那种对海外世界的执着。航行的过程中如果想要退缩，也只能靠自己的意志力坚持下去。

其次，郑和作为明成祖的心腹与重要的左膀右臂，明成祖专门请了全国最好的老师，来教授郑和有关西洋各国的历史、地理、文化、宗教，甚至外交方面的知识。而汪大渊的海外知识完全来自本人的勤奋好学。

再者，郑和的航行，不管是武力还是金钱，都有国家作后盾。郑和出海的船，是国家提供的宝船，郑和的船队中，最大的船长44丈4尺，宽18丈，是当时世界上最大的海船。《明史》中记载："宝船高大如楼，底尖上阔，可容千人。"郑和带着国家的巨额资金、各种专业技术人才和士兵出海航行，不用担心海盗，不用担心在夷国被抢劫，更不用担心粮食不够。偶尔还可以充当和平使者，帮助小国平定叛乱。而汪大渊搭乘的船就是普通的商船，自然没有郑和的船多、船大，也没有郑和的船结实。他和船员既要担心海上的风暴，又要害怕海盗的抢劫。汪大渊他们每到一个地方，还要通过贸易来换取必要的水和粮食。比起郑和航海这样的官方行为，汪大渊航海的私人行为显得更加不易。

如果说郑和是中国历史上伟大的航海家，那么汪大渊则是

中国历史上伟大的民间航海旅行家。他是中国古代唯一一个靠个人的努力，航行大半个世界，并留下了宝贵游记著作的人。他为了探索未知世界而勇闯海洋，这样的精神更能产生激励后人的作用。

1982年，福建南平发现了郑和在第七次下西洋前，为祈求"风调雨顺"而铸造的大铜钟。在福建长乐，有人修筑了郑和广场，并在广场中央树立郑和的雕像以纪念他。南京的牛首山下则有郑和的衣冠冢。然而，在汪大渊的家乡南昌，人们却找不到汪大渊留下的任何痕迹。从《岛夷志略》中可以看，汪大渊也是一个喜爱舞文弄墨、吟诗作赋的文人，然而今天除了《岛夷志略》，我们却看不到他留下的任何其他著作。也没有人知道回到故乡后的汪大渊，他的晚年是如何度过的，仿佛人们已经遗忘了这个可以令他们骄傲的名字。

汪大渊生平事迹和其他文字的消失，很可能与元末明初的战乱有关。元代末年，在红巾军起义的猛烈打击下，曾经强盛无比的大元朝开始走下坡路。各地抗元势力群雄蜂起，最后演变成陈友谅和朱元璋之间的军事较量。至正十八年（1363年），陈友谅攻下了南昌。在此后的5年当中，陈友谅和朱元璋围绕南昌和鄱阳湖反复进行激烈争夺，最终以陈友谅失败，朱元璋获胜并建立明朝而宣告战争结束。

在这漫长的、激烈搏杀的 5 年当中，谁知道会发生什么样的事情？一个朝代的退去和另一个朝代的诞生，是以多少生命的消失和物质的损失为代价？汪大渊在南昌市中心的住宅很可能毁于战争的硝烟，他的文稿和他心爱的红珊瑚便在炮火声中跟瓦砾一起焚毁、湮灭……汪大渊本人可能提前躲到某个桃花源里隐居余生；也可能不幸死于战火……但是，这些都已经不太重要，我们还可以通过《岛夷志略》来跟古人进行跨越时空的沟通，重温他的艰辛、他的阅历和他的欢乐。

2. 一个悬案

关于元代伟大的游记著述《岛夷志略》，却有一个小小的悬案，至今未能结案。对于这本书，学术界有两种观点。

一种观点认为，先有南宋时的某个泉州人撰写了介绍海外国家情况的《岛夷志》，当时作为《清源郡志》的别帙附录于后。泉州，宋代为泉州清源郡，元代以后改为泉州路。也就是说，《岛夷志》当时是《清源郡志》的附录。因为当时，朝廷已在泉州设立了市舶司，泉州成为"海外诸商辐辏之所"，拥有相当的

名气和地位。因此当地官方把《岛夷志》附录在地方志的后面，显然带有自豪和夸耀的意味。

若干年后汪大渊来到了泉州，正逢当地续修郡志，因主事官员仰慕其周游海外、见多识广的经历，就让他协助对《岛夷志》进行续补。续补的部分正是汪大渊亲眼所见、亲耳所闻的航海经历。后来，汪大渊回到故乡南昌，对《岛夷志》做节略处理后刊行，更名为《岛夷志略》。显然，这一派观点认为，《岛夷志》是南宋时人所写，《岛夷志略》是元代人汪大渊所撰。

第二种观点是，《岛夷志略》就是汪大渊所写，只是不同时间用了不同的书名。

笔者对第一种观点存有疑问。因为既然《岛夷志》是地方志的附录，按照惯例，作者的姓名也应该在书中有所记录，为何那位南宋作者的姓名在成书后的《清源续志》里没有提及，而且坊间也毫无信息呢？

笔者赞同第二种观点。据相关记载，在元代至正九年（1349年）的时候，汪大渊来到泉州，正好碰上当地官员达鲁花赤（蒙古语，地方官的意思）偰玉立命令福州的文人吴鉴续修《清源郡志》。因为此地之前的地方志《清源郡志》分为前后两个部分，《清源前志》已经散失，《清源后志》所记录的时间止于1250年，距离偰玉立来到泉州的当下已有百年之久。

偰玉立是个汉化了的蒙古人，兄弟5人曾长期居住南昌。他们熟习儒学，5人同登进士第，一时传为美谈。元代要撰写宋辽金三朝史书，其他各郡都有成就，只有泉州尚未有所作为。偰玉立自被朝廷任命到泉州任职以后，在公务之余，博览志书，得知此地古今政治、风土、习俗等多有沿革。太平盛事已经百年，而志书记载却不完整，现在不记，以后就更难考证了。他认为自己既然担任了此地的地方官，修史自然是分内之职责。于是命令学者搜求传闻，访问先贤，然后续补志书。当时福州文人吴鉴正在泉州，于是就命令他担任主编，负责修志。

笔者采访南昌人士并作考求后也认为，在修志的过程中，汪大渊故地重游来到泉州，让偰玉立知道了。偰玉立曾经在南昌生活过，跟汪大渊也算是半个老乡，他也慕汪氏孤身出海写下名篇的名声，就把他介绍给吴鉴，让吴鉴请汪大渊将自己的大作附录在泉州志书的后面，这样做对泉州和南昌两个地方都有利。于是汪大渊奉命。当时附在《清源续志》后面的部分名为《岛夷志》，回到南昌后，汪大渊将附录的部分单独刊行，改名为《岛夷志略》。

笔者之所以赞同第二种说法，有两个理由。其一，汪大渊自

己写有《岛夷志后序》，表明《岛夷志略》原名《岛夷志》，改书名是为了跟《清源续志》的别秩区别开来。其二，古代知识分子讲究"三立"：立德、立功、立言。对于汪大渊来说，这"三立"都跟游历海外并著书有关。古人虽然没有"知识产权"这一说法，但是这种意识早就有了，所谓"立言"，当然是要立自家之言。所以他肯定不会满意仅仅把自己的著述放在别的书后面作为附录。因此一旦回到家乡南昌，他就决定把自己的"立言"单独刊行出书。

我们现在只能抛弃观点的争论而面对现实。不管《岛夷志》是南宋人撰写、汪大渊续补，还是根本就是汪大渊撰写，《岛夷志》已在元末战乱的烽火狼烟中散失了，直到现在人们也未能有幸在世界的某个角落搜捡到存本，或是残叶。我们现在所能看到的只有汪大渊撰写的《岛夷志略》，这就更显出它的宝贵。

3. 一本奇书

自汉代以来，中国有许多政府使节、航海家、僧侣和商人前往西域和南海诸国进行访问，也留下一些相关的历史地理书籍。距离元代较近的，宋代有周去非的《岭外代答》和赵汝适的《诸

蕃志》，但这两本书的内容多来自市舶之口传而非原创。而关于元代中西方海路交流的重要著作，除了《元史》、《新元史》以外，还有三本书籍：《大德南海志》、《真腊风土记》和汪大渊《岛夷志略》。《大德南海志》为陈大震所著，书中只提到少数诸番国，而且这些地方并非陈大震去过的地方。《真腊风土记》的作者是周达观，他是跟随元朝使节出访外国的人，他书中的记载虽然较为详细，但是仅仅只有一个国家而已。

在汪大渊之后，明代的也有郑和率船队下西洋时的两位翻译官马欢和费信所写的《瀛涯胜览》和《星搓胜览》。马欢的《瀛涯胜览》是受《岛夷志略》的启发而写，但是只谈到20多个国家或地区的情况；费信的《星搓胜览》则有许多内容是抄自《岛夷志略》的。还有一本巩珍写的《西洋番国志》，简直就与马欢的《瀛涯胜览》如出一辙，只是文字略作润色而已。所以说，《岛夷志略》的重要性，远远超过这些宋、元、明时代的书籍。后来《岛夷志略》频频被国外的学者引用和翻译也印证了其重要性和参考价值。

《岛夷志略》是汪大渊在两次出航归国后，根据自己亲身游历时所见所闻编写而成的游记，同时也是珍贵的历史地理著作，是研究各国历史地理和中西海上交通的重要资料，在中国，甚至

在世界历史上都有着举足轻重的地位。《岛夷志略》作为一本承上启下的地理著作，也对明清两代中国人的地理研究和远洋航海提供了非常实用的信息，发挥了很大的作用。

当时泉州的地方长官达鲁花赤看到汪大渊的这本书后，惊讶之余不禁为之赞叹。之后，他邀请了张翥、吴鉴两位学者为汪大渊的著述作了序。为方便阅读，笔者斗胆把这两篇序言也用现代汉语做了翻译：

《岛夷志略》序一

中国在古代被称为赤县神州，它被巨大的海洋所包围。中国之外另有九州，被小一点的海洋所环绕。九州之上的人民和禽兽，互相之间交通无法相连，信息无法交流。位于大海居中的地方就是一个州。以上战国时期齐国的邹衍所说的话，大家都认为是荒诞无稽的。因为中国那时候还没有同海外诸国建立起交往的关系，无法验证此人所说是真是假。

汉唐以后，中国人对于各州各国，凡是能够到达的地方都到达了，凡是有利可图的地方也都去过了，这些情况已有大量史料记载，而且还写了地名。但是史料书中所记载的却大多是抄袭古籍，没有哪个人是亲自到达那个地方，把自己的亲身经历描写下来的，因此，他们所记录的话未必可信。

江西的焕章，在虚岁20的时候就出海远航，前后两次。他乘坐海船到达了印度洋的东面和西面，把沿途所经过的地方，所见到的山川、风土、物产的特别之处，以及居室、饮食、衣服的奇特，和贸易交往时经手的货物等，都认真详实地做了记录。他所记录的全是亲眼所见，亲耳所闻，亲手所为，因此他写的这本书内容真实可靠。

焕章曾经跟我说，他看见海洋中有很多巨大的鱼类，好像是传说中的蛟龙鲸鱼，经常成群结队在海中游窜，鼓起惊涛骇浪。船员用鸡毛去触碰它们，这些大鱼就潜入水中。他曾经来到一个大岛，面积广袤数千里，人口又多又稠密。这座岛上的统治者居住的地方，装饰着许多珠宝、美玉、犀牛角、象牙、香木等东西。就连岛上的桥梁也镶着金银，或珊瑚、琅玕、玳瑁，当地人都不认为这有什么稀奇。焕章所描述的情况比邹衍说的更新奇。谁又知道将来在焕章这本书所描述之外、就连焕章自己也没有经历的国度，不会存在呢？

天地之间充盈着一团大气，凝结成人类和万物。只有中国文明，得到的是一股正气。海外之地，大气偏向物的方面，气候寒暑悬殊，物质材质跟中国差异很大，就是这

个道理。

不是自己耳闻目见的事情就持怀疑的态度，这种行为是否可行呢？庄子曾经说过："六合之外的事情，圣人虽然知道却并不一定说出来。"然而从古到今，还是会有很多人博览群书异志，想知道自己所不曾知晓的东西。此时恰逢泉州修郡志，便将焕章此书收入。焕章即将回到故乡江西，在那里把此书刊行，使其广为流传，所以我为他写了这篇序言。

元代至正十年，龙集庚寅二月朔日

翰林修撰河东张翥

《岛夷志略》序二

中国被四海所环绕，海外的各种小国数以万计，但只有北海狂风乱作之地无法前往，东西南各方皆可乘船航行数万里之远到达那里，并且通过翻译互通语言。当圣人在位的时候，那些夷国就会前来交往朝贡。除了天涯海角那些不毛之地，没有不能通往的地方。

元世祖忽必烈取代宋朝以后，命令正奉大夫、工部尚书浦师文担任远赴海外的宣慰使节，任命孙腾夫、尤永贤担任副使节，一起出访海外，安抚海外诸国。只有爪哇国不服从宣抚，于是世祖皇帝便命令高兴、史弼等将领，率领水师前往讨伐。从那之后，经常有中国商贩来到外国，当地政府都用官员的礼遇去接待他们。因而，这些国家的风俗、特产、人物风情，以及各种奇闻逸事，中国人也都知道了。外国的各种奇珍异宝，流传到中国来的也实在不少。但是想要详细考证某些海外诸国传闻的真实性的话，被问到的管事者多秘而不宣，说得头头是道者又往往不能道出其中细节。

只有江西的汪大渊、焕章君，这个少年有志的年轻人，在受到司马迁的影响后，孤身一人足迹游历半个中国。他在海外游历了数年后，愿意将自己亲眼所见的海外风土人情等翔实记录下来，以弥补国内书籍或史册的空白之处。焕章君第一次出海历时5年，回国后就有所记录。第二次出海归来后，对前一次的手记又进行了整理补充。他书中所记载的都是可靠而值得相信的，因此收录在《清源续志》的附录中。焕章君所记载的地方，与元代使节海外出访之后绘成的《王会》图，两者之间可以互相印证，使后人看到我国对海外诸多国家的怀柔政策推行得是多么广泛。

元代至正己丑冬，十有二月望日

三山吴鉴

　　《岛夷志略》没有章节之分，而是以地名为小标题，每一个小标题后都是对这个地方，或者还包括邻近地方的描写介绍。全书共有 100 条小标题，最后一条"异闻类聚"，是搜集前人的资料编写而成的。也就是说，书中有 99 条是汪大渊根据自己的亲身经历写出来的。汪大渊在书中表明了自己的撰写态度是："皆身所游焉，耳目所亲见，传说之事则不载焉。"可想而知汪大渊创作此书的态度是严肃而严谨的。

　　《四库全书总目》提到《岛夷志略》时评价道："诸史（二十四史）外国列传秉笔之人，皆未尝身历其地，即赵汝适《诸番志》之类，亦多得于市舶之口传。大渊此书，则皆亲历手记之，究非空谈无征者比。"这段话说得非常到位。

　　众所周知，《四库全书》是清代中叶形成的一部巨著，是包含此前中国古代文化的集大成之经典著作，至今仍有不可替代的历史价值。《四库全书总目》的观点是，二十四史里面虽然也有不少介绍外国情况的文字。但是这些文字的作者本人并没有到过这些外国的地方。他们所写的内容都是来自别人的口传，主要是来自对外开放的港口城市。那里外国人很多，他们带来了有关自己国家情况的一些介绍和故事。这些介绍和故事被文人搜集整理起来，写到了历史书里。但是他们所写的内容是否真实可靠，并没有谁去实地验证过，实在是天晓得。只有汪大渊，是根据自己亲身经历撰写成书的，内容完全真实可靠。

应该说，《四库全书总目》的评价是正确的，因为汪大渊以后的中国人来到《岛夷志略》提到的地方时，他们所看见的跟《岛夷志略》上所写的都是一样的。事实证明，他们临行前阅读《岛夷志略》作为参考是个明智之举，这给他们的旅行带来了很大帮助。如果他们未看过此书而贸然远航，很有可能会遇到很大麻烦，甚至灭顶之灾。

为《岛夷志》作序的是当时两个很著名的文人。其中一位是张翥，他是翰林修撰，河东（今山西晋宁）人。他在序言中说，汪大渊刚到弱冠的年龄，就两次出海，远到西洋。沿路所经过的地方，所见到的山川、风土、物产的特别，居室、饮食、衣服的奇特，还有贸易时经手的货物，他都认真详实地做了记录。如果不是亲眼所见，绝对不会写入书中，所以这本书的真实性是值得信赖的。

另一位作序者吴鉴是福建福州人，当时正担任泉州地方志的主编。他也表示汪大渊书中所记的内容是可靠的，值得相信，于是被收录在了《清源续志》的附录中。

《岛夷志略》99条中所涉及的国家和地区多达220多个，涉

及范围横跨亚非远达欧洲、非洲和澳洲，而书中所记载不同国家和地区的风貌之奇特、民俗之新颖、物产之丰腴，更是让当时的许多国人大呼"匪夷所思"。跟随郑和七下西洋的翻译官马欢就说：

> 余昔观《岛夷志》，载天时、气候之别，地理、人物之异，感慨然叹气曰：普天之下何若是之不同耶？……余以通译番书，添被使末，随其（郑和）所至，鲸波浩渺，不知其几千万里。历涉诸番，其天时、气候、地理、人物，目击而身履之；然后知《岛夷志》所著者不诬。

马欢不仅化解了自己当初对《岛夷志》所述之事的质疑，同时也由衷地对汪大渊产生了崇敬之情。

假如在《岛夷志略》中，汪大渊能把自己当作主人公，用第一人称去描写，或许这本书可以成为堪比《镜花缘》和《格列佛游记》的文学作品。因为《岛夷志略》所描写的那些奇闻异事，与《镜花缘》和《格列佛游记》中所虚构的那些故事相比，丝毫不逊色，甚至更加引人入胜。令人遗憾的是，汪大渊严肃的写作态度使他并没有给这本书带来过多的文学色彩，甚至于一些必要的情感独白。我们所能看到的是一条条严谨的、对于当地社会经济、风俗习惯的记载。只有当他遇到十分感动的事情，他才会发表一两句自己的感慨。但仅仅是这些未经任何虚构的描写，就已经为我们展现了一个个令人称奇和赞叹的世界地理、人文奇观。

西方国家在完成了地理大发现和对亚洲、非洲、美洲、澳洲等地的殖民以后，再回过头来看中国元朝人汪大渊在 14 世纪中期写成的《岛夷志略》，这才真正感觉到了这本书的价值。19 世纪中叶，出现了西方学者研究《岛夷志略》的小高潮。1867 年起，《岛夷志略》陆续被海外学者引用、介绍推荐、翻译成别国文字。

1867 年，英国的汉学家、伦敦传道会传教士伟烈亚力首次在《中国文献纪略》（Notes on China Literature）一书中，提到并列举汪大渊的《岛夷志略》。

1871 年，俄国汉学家贝勒在《古代中国对阿拉伯属地和其他西方国家的知识》一书中，用大号的汉字列举《岛夷志略》的书名，并介绍了《岛夷志略》中的"天堂"条。

1914 年，美国汉学家罗克希尔·柔克义翻译了大部分《岛夷志略》的内容，并刊载在了当年的《通报》上。

1914 年，法国汉学家额卢梭将《岛夷志略》的一些篇章翻译

成法文发表。1922 年，另一位法国的汉学家费朗也翻译了一些篇章译成法文并发表。

1915 年，日本学者藤田丰八将《岛夷志略》全本翻译成日文发表。

1951 年，法国汉学家伯希和的论文《论岛夷志略》，作为《伯希和遗著》的一部分而发表。

从明朝末年到近代，一直是西方的学术思想传入中国的过程，这样的现象叫作西学东渐。那个时候，中国人不仅把西学东渐当作一种文化潮流，更是当作了救亡图存、复兴中国的灵丹妙药。到了清代，魏源在《海国图志》中提出"师夷长技以制夷"的思想，也旨在向西方学习，靠学习洋人的知识技术反过来对抗洋人。直到今日，仍然有人把"西学东渐"当成法宝，而忽略了其实早在元代，世界上也曾经掀起一股东学西渐的风潮。

然而，对于中国文化的这一瑰宝，一百年前就已经诞生了外国文字的译本，可是在中国，现代白话汉语的译本却至今还没有出现，这不禁让人唏嘘不已。就让我们用这一本小书向今天的人们初步展示元代伟大的海外探索者汪大渊以及他的《岛夷志略》。

宇宙世界是一个广袤无垠的蔚蓝色无限空间。20 世纪 60 年代，人类从太空俯视地球时发现，我们居住的星球被诱人的深蓝海洋所包围。事实上，人类的文明发展从来就没有远离过海洋，早在殷周时代，中国人就用贝壳来担当货币，有识之士也早就有了"经略海洋"的构想。只可惜，中国传统的农耕文化太过强大；只可惜，中国的统治者惯于夜郎自大；只可惜，我们驶上了海洋却又退了回来。经略海洋是中国古人的海洋梦想，但是这个梦想至今还没有实现。这其中包括很多的原因，主要是轻视海洋文明的传统根深蒂固，由此带来人才、知识、技术、设备的匮乏等等诸多落后因素。在如此总体不利的情形下，却也有少数佼佼者如汪大渊，毅然地、勇敢地奔向了大海，我们应该向这样的前辈表示尊敬。

世界上最具有海洋眼光的国家如葡萄牙、西班牙、荷兰、英国和美国，它们不是沿海国家就是海岛国家。这些国家正是通过自己的海洋活动，开启了人类不同文明间的相互交流、相互联系，当然也带来了相互竞争和相互对抗。这些国度的航海家、探险家，甚至殖民主义者，他们的探险和发现向懵懵懂懂的世人发出了一个清晰的信号：在新的世界——海洋面前，谁能抢到先机，就意味着谁能更快地抛弃旧观念，接受新思想，谁就能更快地变得富有和强大。在这一场发展的竞争中，赢得海洋比赢得陆地更重要。

人类历史的经验已经证明，忽略海洋的国家一定落后，重视海洋发展的国家将变得强大。1994 年 1 月 16 日，《联合国海洋公约》正式生效，标志着国际海洋新秩序开始建立。之后，国际海洋权益的竞争越发激烈，新一轮全球性的"重返海洋"的蓝色开发浪潮不断高涨。联合国大会近年来也连续通过决议，敦促沿海各国把海洋开发和保护作为国家发展的战略。"21 世纪是海洋的世纪"，这个说法正在变成不争的事实。正视落后，不怕落后，了解历史，温故知新，中国人一定能够通过不懈的努力，使我们从一个海洋弱国变成一个海洋强国，使中华民族自立于世界民族之林。

主要参考文献

1. 苏继庼《岛夷志略校释》[M] 北京，中华书局 1981 年出版

2. 马欢《瀛涯胜览》[M] 北京，商务印书馆 1935 年出版

3. 周去非《 岭外代答校注》[M] 杨武泉校注　北京，中华书局
   1999 年 9 月第一版

4. 杨博文《诸蕃志校释》[M] 北京，中华书局 2000 年 4 月第 1 版

5. 马可·波罗《马可·波罗游记》[M] 北京，中国文史出版社
   2006 年 1 月第 2 版

6. 伊本·白图泰《伊本·白图泰游记》[M] 银川，宁夏人民出
   版社 2000 年 5 月 1 日第 1 版

7. 詹姆斯·库克《库克船长日记》[M] 北京，商务印书馆有限
   公司 2013 年 4 月 1 日第 1 版

8. 廖大珂《从〈郑和航海图〉谈早期中国人对澳洲的认识》
   [J]"郑和与海洋"学术研讨会论文，（1998-07-01）

9. 张炜、方堃主编《中国海疆通史》，郑州，中州古籍出版社 2003 年 6 月出版

10. 辛利杰主编《南昌的中华之光》，南昌，江西美术出版社 2008 年 8 月出版

11. 陈立立 习罡华著《吉州窑研究与永和镇旅游开发》，北京，人民日报出版社 2003 年 12 月出版

12. 钟叔河著《走向世界——近代中国知识分子考察西方的历史》，北京，中华书局 1985 年出版

13. 廖大珂《略论中国人对澳洲的早期认识》[J] 厦门大学学报，1999（2）

14. 许永璋《"麻那里"考辨》[J] 郑州大学学报，2009（1）

15.《辞海》第六版彩图版 上海辞书出版社 2009 年 9 月出版

后　记

　　当确定要编写这本书后，我们却惊奇地发现，汪大渊的资料出奇的少，无论在历史类书籍还是在人物类书籍中，有关他的记载最多只有两三百字。于是我不顾今年夏天高达40度的高温，满怀着热切的希望，于8月中旬来到汪大渊的故乡南昌，想查找有关汪大渊的资料。一下火车我就直奔南昌市图书馆，但是，却看到一片繁忙的施工现场。门卫人员说，图书馆早就开始装修，停止使用了，明年春节以后才能开放。我又问，馆中图书是否暂时搬到其他地方，回答是并没有搬离。于是我马上又直扑江西省图书馆，在古籍阅览室和社科阅览室均未找到有关汪大渊的资料。只是在古籍阅览室的江西省志人物篇里找到汪大渊的条目，约一百字。在社科阅览室，就连介绍安徽安庆和新疆伊犁的书都看到了，就是找不到有关南昌历史资料的书籍，看来看去多是介绍北京、上海等城市的书，心里真是很

郁闷。

第二天，我去了子固路上的南昌市民俗博物馆，那里也正在装修。于是我连忙又去了绳金塔旁边的民俗博物馆，却是大门紧闭，经过打听才知道，原来也早已不开放了。不得已只好按照地图上的标注，去找书店。无论是一般的新华书店还是书城，铺面而来的都是各类教辅书。好不容易在青苑书店的铺面看到两本介绍南昌的书，一本是讲文学的，一本是关于革命历史的。无奈之下，只好满怀失望回到上海。

山重水复疑无路，柳暗花明又一村。过了十天后，经过多方打听，终于联系上了南昌市作家协会副主席杨建葆先生。虽然马上要到外地去开会，可他还是热心地牵线搭桥，为我介绍南昌的专家学者。于是，9月初，我又第二次来到南昌。在南昌市政协教卫文体文史委员会主任张恒立先生的主持下，"汪大渊生平及历史贡献专题研讨会"在南昌市政协四楼会议室召开了。出席会议的有：张恒立先生、江西省文史馆员宗九奇先生、江西科技师范大学历史学院院长陈立立教授、南昌大学文化历史文献研究所研究员毛静先生。这几位先生对汪大渊的出生地、家庭情况、生平经历、《岛夷志略》和南昌市的历史等问题，坦率地谈了自己的看法，给了我很大的启发和帮助。他们的热情和无私更使我感动。没有他们就不会有这本小书。我们在这本书里的很多地方采用了他们的研究成果。但是因为要照顾文章的流畅，无法一一标识出来，所以在此一并表示十分的感谢。

关于《岛夷志略》，书中所提到的地名是指哪个地方，我们主要是根据苏继庼先生的考证，并适当参考其他学者的意见。但由于我们不是专业的历史地理学专家，因此对于那些没有取得一致意见的古地名，我们也没有考证的能力，只能采用苏先生的观点。对于《岛夷志略》书中所用的古地名，今天可在世界地图上找到现地名的，我们采用与之对应的现地名。如果没有，或难以找到现地名，则用西方人曾经使用的英文地名。

尽管汪大渊所使用的元代文言文不算艰涩，但是我们在用现代汉语翻译的过程中，仍然感觉有个别词句很难理解，因此我们的译写不一定很准确。

对于汪大渊的研究，我们只是走了第一步，这本小书也只能起到抛砖引玉的作用。希望其他学者，特别是南昌的学者能够在汪大渊和《岛夷志略》的今译及研究方面取得更大的进展。

　　感谢文汇出版社的社长兼总编辑桂国强先生，副总编辑张衍先生，是他们的创意和辛勤的编辑，使汪大渊的事迹和《岛夷志略》第一次以比较完整的面貌呈现在国人面前。我们也希望看到这本小书的读者和学者对我们提出宝贵意见。

任丽青

2013 年 9 月 16 日

图书在版编目（CIP）数据

海市蜃楼里的万国风情：元代旅行家汪大渊传奇 /
张学雨晴编撰 . — 上海：文汇出版社，2015.2
　（大国海图 / 桂国强主编 . 人物志）
　ISBN 978 - 7 - 5496 - 1393 - 9

　Ⅰ . ① 海…　Ⅱ . ① 张…　Ⅲ . ① 汪大渊（1311 ～ 1350）
— 传记　Ⅳ . ① K825.89

　中国版本图书馆 CIP 数据核字（2015）第 011716 号

　主　　编／桂国强
　执行主编／张　衍
　策　　划／任丽青

◎大国海图·人物志◎
海市蜃楼里的万国风情
　　　　——元代旅行家汪大渊传奇

编　　撰／张雪雨晴
责任编辑／张　衍
装帧设计／王　翔

出版发行／文匯出版社
　　　　　上海市威海路755号
　　　　　（邮政编码200041）
经　　销／全国新华书店
排　　版／南京展望文化发展有限公司
印刷装订／江苏省常熟大宏印刷有限公司
版　　次／2015年3月第1版
印　　次／2015年3月第1次印刷
开　　本／890×1240　1/32
字　　数／120千
印　　张／6

书　　号／ISBN 978 - 7 - 5496 - 1393 - 9
定　　价／16.00元